面向"双减"的教育

汤勇 著

长江文艺出版社

图书在版编目（CIP）数据

面向"双减"的教育 / 汤勇著. --武汉：长江文艺出版社，2022.10(2023.7 重印)
（大教育书系）
ISBN 978-7-5702-2862-1

Ⅰ.①面… Ⅱ.①汤… Ⅲ.①中小学教育－教育改革－研究－中国 Ⅳ.①G639.21

中国版本图书馆 CIP 数据核字(2022)第 164812 号

面向"双减"的教育
MIANXIANG SHUANGJIAN DE JIAOYU

责任编辑：秦文苑	责任校对：毛季慧
装帧设计：柒拾叁号	责任印制：邱 莉　王光兴

出版：长江出版传媒　长江文艺出版社
地址：武汉市雄楚大街 268 号　　邮编：430070
发行：长江文艺出版社
http://www.cjlap.com
印刷：湖北恒泰印务有限公司

开本：720 毫米×970 毫米　1/16	印张：15.5	插页：1 页
版次：2022 年 10 月第 1 版	2023 年 7 月第 4 次印刷	
字数：237 千字		

定价：48.00 元

版权所有，盗版必究（举报电话：027—87679308　87679310）
（图书出现印装问题，本社负责调换）

自　序

做面向"双减"的教育

"双减"政策，作为新时代教育价值取向的大宣言、大课题、大抓手，以排山倒海之势、雷霆万钧之力，闪亮于寰宇苍穹，磅礴于大江南北，带来了中国基础教育的深刻革命和深度改变。

一年多时间，"双减"除了通过减负，为万千少年儿童赢得了快乐成长的时光，全面发展的空间，更重要的是，让学习回归学校主阵地，让教育回到应有的本原和轨道，重塑了健康的教育生态，让我们看到并见证了面向"双减"的教育的美好。

面向"双减"的教育，不是强迫，而是引导；不是灌输，而是浸润；不是施压，而是减压；不是改造，而是改变；不是仅成才，而是要成人。

面向"双减"的教育，不是迎合，而是契合；不是功利，而是功效；不是喧嚣，而是恬静；不是焦虑，而是淡定；不是用教育之名摧残孩子，而是以教育之义成就每一个孩子。

面向"双减"的教育，不再是一味应试，把教育异化成只有应试，而是坚持立德树人，五育并举，坚持把孩子的品行操守看得比一纸分数重要，坚持把孩子的人文素养看得比考试成绩重要，坚持把育人看得比育分重要。

面向"双减"的教育，不再是以"分"论英雄，以"练"为手段，以"考"为法宝，而是以发展为准绳，以成长见高低，以过一种快乐而有意义的学习生活为考量。

面向"双减"的教育，不再是追求人人考高分，个个上名校，而是把培养一个个精神独立、人格完整、品德高尚、懂得担当，能够自食其力的合格公民作为教育之使命。

面向"双减"的教育，不再是以强化竞争激发孩子的好胜心，而是通过因势利导，循循善诱，点燃孩子的好奇心；不再捆绑孩子手脚，束缚孩子天性，而是解放孩子，让他们释放活力，迸发潜能，给他们自由发展的空间，赋予他们作为一个自由人只身跋涉而又步履轻盈的力量，充分彰显孩子个性。

面向"双减"的教育，不再是忽视人，而是关切人文，注重人本，体现人性，把人作为教育的全部，作为教育的出发点，让教育始终传递生命的气息，始终闪耀人文的光芒。

面向"双减"的教育，不再是重复训练，打时间仗，而是为学习成本设限，坚持"健康第一"理念，倡导高效施教，科学学习，合理分配时间精力，寻求用最少的时间，最优的路径获取教与学效益的最大化。

面向"双减"的教育，不再是教师主宰课堂，而是无限相信学生的学习潜力和发展可能，让学生成为深度学习的主体，彰显主动学习、向上生长的生命活力。

面向"双减"的教育，不再是急功近利，急于求成，而是平和心态，顺其自然，遵循规律，捍卫常识，像老农对待禾苗、庄稼一样，不急不躁，按季节栽插播种，按农时施肥浇水，按节令采摘收割。

面向"双减"的教育，不再是仅仅为了九年、十二年之后的那两天，而是从孩子一生出发，给他们一生有用的东西，为他们的美好明天担责，为他们未来幸福人生奠基。

面向"双减"的教育，不再是把集合在校园里的具有千姿百态、不同个性的孩子，教成同一个面孔，而是尊重不同，尊重个性差异，尊重他们的"慢"，学会等待，多一些期待，牵着一只蜗牛去散步。

面向"双减"的教育，校园不再是冷冷清清、死气沉沉，而是弥漫温馨、荡漾笑声、生机盎然；孩子也不再是无精打采，而是活泼开朗、阳光自信、灵动可爱。

面向"双减"的教育，学校不再是单纯传授知识的地方，而是一个汇聚美好事物的场所，一个生命成长的摇篮，一个燃烧激情、放飞梦想、自由驰骋的疆场。

面向"双减"的教育，学校教育不再是单打独斗，家庭教育也不再是可有可无，家校携手，家校共育，将成为教育的新常态；学校教育与家庭教育也不再是貌合神离，学校指导家长科学家教，引导家长回归理性平和心态，家长对学校理解支持，主动配合，充分信任，这将成为一道亮丽的教育风景线。

面向"双减"的教育，这些美好，有的已经变成了一种教育现实，让大众普享到了"双减"的红利，但更多的还是一种向往与期许。

众人划桨，众智所为。只要我们凝聚社会共识，坚守良知使命，担当时代重任，相信有一天，众志成城，众力必成，一定会谱写出中国教育高质量发展的新篇章！

汤勇
2022年8月8日于古城阆中

目 录 | CONTENTS

第一辑 "双减"下的教师 / 001

"双减"之下,教师更需要理想主义 / 003
"双减"下的新学年,教师应成为追"新"者 / 006
"双减",教师更需要学习 / 010
"双减"离不开教师的激情 / 014
投入其中,教师的幸福便自在其中 / 018
教师最大的师德是敬业 / 021
值得青年教师记住的六句话 / 024
做一个"四自"的教师 / 030

第二辑 "双减"下的校园 / 035

"双减"下,校园应多一些选择 / 037
"双减"绝不能减去老师的幸福感 / 040

可以不优秀，但一定要幸福 / 043

为"教师弹性上班制"叫好！/ 046

"双减"下，老师更应拥有快乐的心情 / 048

新年与吴小霞老师微信对话录 / 051

第三辑 "双减"下的课堂 / 057

"双减"让教育回归 / 059

用文化赋能"双减" / 062

劳动教育助力"双减" / 065

我对"双减"和"双增"的看法 / 068

教育在"双减"下，也不是无所不能 / 071

"双减"路在何方？ / 074

让教育因"双减"更美好 / 078

"双减"需要课堂寻变 / 082

让有效课堂点亮"双减" / 085

把"双减"之根扎入课堂 / 090

第四辑 "双减"下的家校共育 / 095

"双减"之下，孩子怎样做"加法"？ / 097

要教好孩子，先教好家长 / 102

"双减"季，送给家长们的五句话 / 105

孩子的成长历程永远不能被托管 / 109

"双减"下，学校德育路径探析 / 112

书香校园建设的六大误区 / 116

"双减"离不开书香校园建设 / 118

什么样的"质",才是真正的"减负提质" / 121

"双减"下的学校怎样让孩子喜欢 / 123

"双减"下的学校特色应该怎样做 / 128

第五辑 "双减"下的"同频共振" / 133

"双减"下,对高考更应多一些理性 / 135

"塌陷"的县中何以崛起 / 138

"绿领巾"和"黑榜" / 141

乡村学校究竟需不需要课后服务? / 144

落实"双减",切莫"一刀切" / 148

我为"小学一二年级不进行纸笔考试"举双手! / 153

谁陪我娃好好度春秋 / 156

第六辑 "双减"下的学校管理 / 159

"双减"需要什么样的校长? / 161

"双减"下,校长的心思和精力应放在哪? / 165

校长"双减",应多些"南风拂面" / 170

校长的工作方法决定"双减" / 174

"双减"成效,在于校长的工作态度 / 179

没有校长落实,就没有"双减" / 184

"双减"贵在校长的创新 / 186

用精细化管理应对课后服务的挑战 / 192

"双减"与学校内涵发展 / 195

教育主管部门在"双减"中如何作为？/ 199

第七辑 "双减"下的教育风景 / 203

贵州黔西教育散记 / 205

劳动教育风景这里独好 / 210

绚丽绽放的朴素教育之花 / 213

我见证了这里教育的朴素与幸福 / 217

初冬泰和行 / 220

把老师办公室建在书橱中 / 223

春暖花开，飘香万家 / 226

南池小学探访 / 230

为什么是大邑？/ 234

后记 / 237

第一辑

「双减」下的教师

"双减"之下,教师更需要理想主义

纵观历史,人类社会总是在人们的理想中,向着美好的方向一步步渐进,朝着美好的未来坚忍执着前行的。

教育是面向未来,教育是塑造美好,教育所追求的,不一定是触手可及的现实事物,教育需要理想,需要理想主义。

教师作为教育一线的践行者、推动者、书写者、演绎者、创造者,面对所从事的职业,常常被冠以"辛勤的园丁""吐丝的春蚕""燃烧的蜡烛""人类灵魂的工程师"和"太阳底下最光辉的职业"等称号,但是教育的复杂性、艰巨性,还有不得不面对的现实的诸多尴尬,由此所升腾的职业麻木与倦怠,或许犹如团团雾霾,将教师紧紧裹挟,让不少教师在应付和躺平的姿态打发时光,甚至让一些教师在心灰意冷中,失却继续坚守的勇气。

特别是在"双减"下,为孩子减负迫在眉睫,必须减少作业负担和校外培训负担,而且"减"绝不是说少就少,说停就停,"双减"总需要有人让渡部分利益,总得有人多承受一些压力,多担当一些责任。显然,老师无疑便成了天然的承受者。

老师除了备课、上课、听课、写反思、改作业、辅导学生,还要集体教研、培训学习、参加会议、建群打卡,更须过程留痕、准备资料、填报数据、迎接检查、应付考核,而且还得承受成绩的压力、家长的质疑、媒体的关注和社会的不解。

而如今,减少作业负担,提高课堂教学效率,老师需要付出更多。减少校外培训,进行学校托管,很多老师不得不牺牲自己的节假日,以志愿者的身份解决各种问题。

面对如此沉重的工作负担和一天十多个小时的工作时长，如果一个老师，只沉沦于现实，没有一点理想主义色彩，是难以持续支撑的。

理想主义，它不是海市蜃楼，水中月亮。我以为，它是积极的人生态度，乐观的生活、工作状态，是对美好事物的感知能力，是对内心价值追求的理性选择与判断，是对克服困难、挫折的顽强意志与勇气。

人一旦没有了理想主义，就会短视、浮躁、喧嚣、功利；就会失去目标、方向、动力、憧憬；就会变得困倦、消极、懈怠、没有生机、一切无所谓。教师同样如此。

我们身边有一些教师常常抱怨，对待工作马马虎虎、应付了事；对待学生冷言冷语、缺少爱心；对待职业心有旁骛、见异思迁。究其原因，多是缺少一种教育的理想主义。

鲁迅先生在病逝前的一个月，曾写下这样一段话："街灯的光穿窗而入，屋子里显出微明，我大略一看，熟识的墙壁，壁端的棱线，熟识的书堆，堆边的未订的画集，外面的进行着的夜，无穷的远方，无数的人们，都和我有关。"

在生命的最后一刻，鲁迅先生都心系"无穷的远方"，心里牵挂着"无数的人们"，体现出了一种豁达豪迈的人生理想主义。

面对"双减"，需让孩子获取的不是特定的知识，教育的目标聚焦的是成人，而不仅仅是成才；教育的使命是培养孩子的独立思考和判断能力，而不是训练一台台考试机器。教育不会停留于校园，教学不会止步于课堂，课程不会满足于课本，教师的工作也不会局限于辛勤耕耘，更多的是智慧的付出。

一个有理想主义的教师，他会不断学习，坚持学习，永远把学习作为生命里的头等大事，永远让学习成为陪伴自己的良好习惯，永远不懈地将学到的知识转化成"双减"下的教育智慧，让自己的教育教学总是那么引人入胜；而且会穷尽一切努力，变革传统方式，让自己从"苦教"走向"乐教"，激发孩子的好奇心，让他们从"难学"走向"善学"。

面对"双减"，教师所承担的责任没有法定边界，教师所承受的压力也是空前巨大，教师所承载的期望更是与日俱增。

一个有理想主义的教师，他不会推却肩上的责任，不会被当下的压力所打败，不会轻易辜负人们的期望。他会不辱使命，执着坚守，持之以恒，以一颗虔诚之心，坚定地走下去，用自己的信念和行动给教育带来美好，给人们呈现一个最坚强的自己。

"双减"，减下的是负担，减去的是重复，减掉的是赘肉；增加的是精准靶向施策，增加的是学生个性化成长，增加的是教育质量提升，增加的是社会对教育的信任与满意度。因而教育像过去那样一味应试不行，像之前那样拼时间、拼分数、拼身体不行，像以往那样人云亦云、按部就班更不行。"双减"下的教育，需要变革，需要创新，需要搅动那一盒"奶酪"，需要给那一池"春水"投下一枚枚小石子。

一个有理想主义的教师，他才有梦、有冲动、有激情，他才会不"安分"、不僵化、不固执。每一天他面对的教育都是新的，每一天他面对的教育的内涵与主题都是不同的，面对的每一个孩子都是灵动、诗意的。他才精力充沛、富有童心、充满热忱，具有强烈的愿望、责任感和使命感。他也会不断探索，自找"麻烦"，勇于求变，捍卫常识，遵循规律，拥有诗意的教育生活。

面对"双减"，教师的市场化回报与教师的付出目前是不对等的，尽管对教师的保障措施目前还没有全面跟进，但是要看到，这一问题已引起国家层面的高度重视。《教师法》的全面修订，教师编制的重启调整，教师弹性上班制的郑重提出，已给老师们带来丝丝温暖，老师们所有的担当与付出，终将被看见。

一个有理想主义的教师，他会理解与支持政府和主管部门的用心，他会用耐心迎接教师职业美好曙光的到来，他会永远相信"一切都会好起来""牛奶面包，到时候都会有的"，他会懂得，他从事的工作不仅与良心关联，更与全社会的尊重紧密相连。

教师要有理想，一个优秀的教师，一定是一个理想主义者。当一个人的教育生活不能被赋予理想主义色彩时，其教育生活与教育人生，都不可能美好！

"双减"下的新学年，教师应成为追"新"者

"双减"下的新学年已经开启，新学年，新的使命，新的召唤，教师应该如何去追"新"呢？

新学年要有新状态

"双减"作为国家大政，看似在减轻作业负担和校外补习负担，实则是修复教育生态，治疗教育无序竞争，让教育回归本原，让孩子得以全面发展和个性化发展。

对于每一个教师，这都是一种具体行动，一种使命担当，一种巨大付出。这就要求我们必须投入一种新的工作状态。状态决定效果，状态决定成败。我们在新学年的工作状态如何，直接影响着"双减"最终的成效。

教育是培养人的事业，教书育人，承担的是功在千秋的伟业，也承载的是一份关乎孩子成长以及他们未来人生的"良心活"，我们在不在状态，不仅影响着"双减"，更重要的是影响并决定着孩子的一辈子。因此，需要我们良心在场，不泯灭；状态在场，不懈怠。

新学年要有新心态

心态胜于能力，心态左右人生，心态也影响着一个人的工作状态。

"双减"让教育聚焦到学校主阵地，应运而生的课后延时服务，让教师工作时限延长，工作责任加重，工作压力增大，甚至对教师正常的生活都带来

了影响。

在这种情况下，作为教师，只是在那抱怨是无济于事的，既影响工作，又影响心情，还伤害身体。科学研究表明，社会参与和积极进取是人类的一个根深蒂固的愿望，任何形式的社会排斥，乃至埋怨抱怨，都会对人的身体和大脑造成一定程度的损伤。

所以，我们应该调整心态，多给自己一些积极的心理暗示，学会在任何艰巨和复杂的情况下，拥有一种乐观积极、豁达敞亮的心境。

山不见我，我自去看山。工作压力和现状，有可能一时难以改变，但是我们完全可以改变心情，调整情绪，让自己在不得不面对与承担的繁重而烦琐的工作时，多一点放松与舒缓，多一些优雅与闲适。

新学年要有新动力

这种新动力除了来自外在的激励，更多的是每一个教师自己给自己赋能，自己给自己安装一台强大的"永动机"，也就是自己要善于唤醒与迸发工作热情，点燃与引爆工作激情。

这种热情与激情从哪里来？我以为，应该从教师对职业意义的探寻和对目标价值的追求中来。

人活着的意义不是贪图享受，而是做事与创造。在做事中充实自己，在创造中提升自己，在做事、创造中幸福自己，在努力地做事、不断地创造中增加并拓展自己生命的长度与高度。

教师的职业意义，注定与物质和名利没有必然联系。教师的伟大与崇高，更多体现在单纯地做事中，在创造性地做事中，在做能够实现自己人生意义的事中，由此汲取精神养料，获得精神慰藉，让自己的内心丰盈、灵魂高洁、人生多姿多彩。

教师的目标价值，不是轰轰烈烈，惊天动地，而是在普通与平凡的岗位上，兢兢业业，尽职尽责，照亮每一间教室，点亮每一个孩子，将职业的艰辛与平淡演绎成教育的甘美与芬芳，把自己的教育人生诠释得有滋有味与意味隽永。

一个教师能静下心来，专注而执着地对职业意义予以探寻，对目标价值予以追求，就有了源源不断的一路前行的动力，任何困难与压力，波折与挑战，都不在话下。

新学年要有新理念

理念支配行动，理念新，一新俱新；理念活，一活俱活。在"双减"背景下，教师应该树立全新的教育理念。

比如，坚持立德树人、五育并举的理念；坚持不唯分数，以人为本，注重人的全面发展的理念；坚持因材施教，因人而异，让每个生命有枝可依的理念；坚持只有差异、没有差生，只有不同、没有不好，只有可能、没有不能的理念；坚持多一把尺子、多一些标准、多一份期盼、多一种等待的理念；坚持接纳"慢"，包容"慢"，尊重"慢"，"牵着蜗牛去散步"，让教育多一些舒缓和耐心的理念；坚持孩子的兴趣是最好的老师，孩子的好奇心是最好的成长的理念；坚持教育应多一些闲暇和选择，给孩子以探索自我和自主成长的理念；坚持"双减"下，不仅会做减法，还要善做加法，能做乘法，敢做除法的理念……

一个好的理念，就是一种好的教育，会影响到孩子的学习状态，并关乎孩子的生命成长品质。

《窗边的小豆豆》中的巴学园，教室只是由一个个废弃不用的电车车厢改造而成的，为什么会成为孩子向往的地方？而小豆豆，在一般人的眼里是"怪怪的"，后来为什么能够变成一个大家都能接受的孩子？就是因为小林宗作校长秉持了关爱孩子、尽情释放孩子天性的理念。

好的理念所带来的亲切、富有人文气息的教学方式，使这里的孩子们个性舒展，快乐学习，幸福成长，度过了他们人生最美好的时光。

新学年要有新举措

教育固然应遵循常理，回归常识，顺应常态，不刻意标新立异，但是面对"双减"政策所带来的一系列新要求、新变化，如果仍一味因循守旧，只是在那里重复昨天的故事，"双减"恐难有收效，教育状态也很难改变。因而必须创新举措，推陈出新。

创新作业设计，积极探索实践性、体验式、表述化等特色作业，构建学生"基础＋提升""个性＋选择"作业模式，重视作业的多元化设计，切实发挥作业诊断、巩固、学情分析等功能，让每位学生因"创新作业"而轻负与轻松，满足与满意，成长与成功。

创新课堂教学，减负提质，必须关注课堂，研究课堂，变革传统课堂，生成理想课堂，让课堂变得有用、有效、有趣，让孩子在课堂里人人都学会，个个都会学。

创新课后服务，课后服务不仅是托管看护、作业辅导，课后服务最终落脚点在于促进学生个性发展、推进素质教育、改良教育生态，因而应通过课后服务活动的自觉参与、自主选择、自由探索、自我安排、自发组织，为孩子创设一个有意义的教育时空和发展环境。

创新家校协同育人，孩子成长，学校、家庭尽管各担其责，但只有共融共建，共情共育，取长补短，统筹协调，整合资源，同心同向，同频共振，形成合力，才能达成教育最优化与最大化。

每一个教师在新学年都能成为追"新"者，新学年的"双减"，才一定能有新气象和新起色！

"双减",教师更需要学习

"双减"以来,孩子的确是最大的受益者,作业的负担和校外培训负担大大减少了,腾出来的时间可以找伙伴玩了,可以参加感兴趣的活动了,阅读的时间也有了。教育似乎有所回归,也不再那么"卷"了。

与此同时工作时间的延长,压力的增加,让教师成了最大的奉献者与担当者。我们在向教师表达感恩,并举手致敬的同时,还得重提一个话题,那就是学习。

有的老师可能会说,你站着说话不腰疼,我们起早贪黑,课前细心准备,课中精心讲解,课后耐心服务,一天十多个小时下来,筋疲力尽、困顿不堪,人都散了架,哪还顾得上学习?这是一个现实问题。但是这个现实问题背后其实还有两个问题,那就是老师需不需要学习,是不是就没有时间学习。

学习成就优秀,学习走向卓越。学习,作为一个永不过时的主题,那是每个人都必须面对的功课。所谓活到老,学到老,终身学习不停歇,人生永远没有毕业。

教师的学习当然就更重要了。首先,教师勤于学习,不断提升自我,这是成为优秀教师的基础。要想成为一个优秀的教师,成为一个受学生喜欢的教师,成为一个教育家型的教师,必须让自己具有渊博的知识。一个知识面不广的教师,很难唤起学生的学习欲望,很难发掘学生的个性天资,很难打开学生的知识视野,很难保证自己在教育教学中能开合有度,得心应手,游刃有余。

其次,教师的学习是对学生的示范引领。最好的教育莫过于示范,最有效的教育在于引领。学生学习的最佳状态是在老师学习之后引领的学生的学习，是在老师示范引领下学生的自主学习。很难想象，一个从不学习的老师，他的学生能够自觉学习、主动学习。

再次，教师坚持学习是对职业倦怠的远离。学习是一种保鲜，冰箱为食物保鲜，学习为职业保鲜。太阳每天是新的，喜欢学习的老师所面对的每一天也是新的。

很多老师容易产生职业倦怠感，是因为他们不学习，他们把富有创造性的教育教学活动异化成了一种重复、单调、乏味的体力活儿。喜爱学习的老师永远不会倦怠。他们喜爱学习，也意味着他们对生活，对这个世界充满好奇心；意味着他们随时随地在接纳知识的源头活水；意味着他们对教育还有梦想，还有追求，还想改变。

最后，新时代对教师的素养也提出了更高的要求。过去说给学生一碗水，教师要有一桶水，现在看来已经远远不够了，现在给学生一碗水，教师一定要有一潭水，而且这一潭水，不是死水，而是活水；不是他人的水，而是自己的水；不是纯净的水，而是营养水、复合水。这就要求教师不能仅满足于已有的知识，而应该永不停歇、孜孜以求地学习。特别是在"双减"下，要真正实现教育"减负提质"，发展教师，提升教师，更是迫在眉睫。

过去，提升质量，教师可以靠重复训练、反复考练去实现。如今减负要求下的质量提升，必须做到作业的个性化设计，必须做到40分钟课堂的有效高效，必须做到课后服务的兴趣拓展，必须做到学生学得轻松快乐。这对老师的专业标准，专业成长是一个重要的考量和检验。一个老师，如果不学习，只吃老本，是很难适应形势，很难跟上"双减"步伐的。所以说，对老师是否需要学习的回答，答案是肯定的。老师必须学习，必须不断学习，必须持续学习，必须经常性学习。

至于老师们所谓的成天辛苦忙碌，根本没有时间学习，我以为，如果我们的老师对学习有以下的一些认知，那就一定会有时间学习。

把学习作为一种情怀，以敬畏之心对待学习。情怀是写给生命最好的答案，也是虔诚做事，不问西东，不求名利最好的诠释。教育是富有情怀的事业，当我们想到这份职业的神圣与荣光，想到孩子们带着憧憬的目光在他们最需要的时候与我们相遇，想到他们的成长及未来幸福与我们息息相关，想到要承担教书育人、立德树人的职责，不提升自己则敬业不易、精业难成，就会以学习为己任。

把学习作为一种修炼，以修炼姿态对待学习。一日不学习，便觉面目可憎。学习可以开启智慧，陶冶情操，激荡身心，洗涤灵魂；学习可以让一个人变得睿智、豁达、自信；学习可以把我们变成自己想要的样子。可以说学习是最大的修炼，最好的修行。

把学习作为一种快乐，以愉悦的心情对待学习。希腊哲学家苏格拉底说："人类最大的乐趣莫过于学习。"然而很多人都把学习与"苦""累"联系在一起，似乎学习的过程就是受罪，根本没有什么快乐可言，当然更谈不上享受了。

"学海无涯苦作舟""吃得苦中苦，才为人上人"已扎根脑海；"青灯黄卷""孤馆寒窗""寂寞苦行"便是佐证；更有国学大师王国维在《人间词话》中所描述的治学三境界："昨夜西风凋碧树，独上高楼，望尽天涯路""衣带渐宽终不悔，为伊消得人憔悴""众里寻他千百度，蓦然回首，那人却在灯火阑珊处"，更加深了人们的这种感觉。

事实上，学习是一件快乐的事情。在学习中，我们可以指点江山，激扬文字；可以纵横驰骋，遨游于上下五千年；可以足不出户，便知天下事；可以与美好的事物、美好的人物、美好的自己相遇；可以循着历史的轨迹，伴着智者的思想，进入豁达高尚、美妙无穷的境界；可以领略人生的智慧，感悟智者的机趣，欣赏沿途曼妙的风景……陀螺不快乐，因为它是在外力的抽打下才运动；驴子不快乐，因为它是在鞭子的驱使下才奔走。学习是快乐的，我们因主动学习而快乐。

把学习作为自己的事，以积极的态度对待。学习就像自由呼吸空气一样，就像吃饭穿衣睡觉一样，就像喝茶聊天一样，都是自然而然的事，都是自己的事，都是生活、生存与生命中的事。

只要投入其中，把学习当作生命中重要的事情，把学习当作一种生活需要，一种生存必需，一种生命状态，哪会没有时间学习呢？我以为再忙都会有时间，再忙都会挤出空闲时间。比如古人的"三上"，即枕上、厕上和马上；"三余"，即冬者岁之余，夜者日之余，阴者晴之余。

我们每个人的清晨早餐前，傍晚天黑前，上床临睡前，乃至于茶余饭后，坐等朋友，车站候车，旅途闲暇，这些都是可以利用的学习时间。

还是套用那句老话，老师不是因为忙而没有时间学习，而是因为没有时间学习，所以才越发显得忙。

老师们一旦有了学习的习惯，将学习看作一种调节和享受，就多了一份工作的热情，就多了一份创造的激情，就多了一份诗情画意的心情。主观能动性将得到最大限度发挥，教育的智慧将得以尽可能地迸发，教育人生的豁达与优雅，滋润而闲适，将得以淋漓尽致地生成和演绎，老师将不再是被迫忙起来，也不再是在那里瞎忙乎。

当然，老师们的学习不是那种强制性的学习，那种考核式的学习，也不是为了学时的那种学习，而是一种自由式的学习，一种散漫式的学习，一种放松式的学习，一种随心所欲式的学习，一种信马由缰式的学习。

尽量挤时间，多一些学习，多一些阅读，多一些思考，多一些研究，多一些积累，多一些对自己的不断修炼与提升，这应该是"双减"之下老师们努力的方向！

"双减"离不开教师的激情

前不久，收到一个一线教师给我发来的微信，她在微信上说：

"我从事教师工作二十多年了，刚进学校时的那种激动喜悦、热血澎湃的心情早就没有了，对教师这个职业的喜好与新鲜感早就不存在了。现在工作就是按部就班，当一天和尚撞一天钟，有时当着和尚连钟都不想撞了，一切都是得过且过，安于现状，对工作毫无积极性，对学生更是一点儿热情也没有，一学期下来竟叫不上几个学生的名字。至于上课，就拿着课本吃老本儿，用陈旧的知识去应付学生，用多年不变的满堂灌去打发学生，用不苟言笑、冷漠面孔、暮气沉沉的状态去面对学生。"

这个老师最后告诉我：

"长期这样下来，学生讨厌我，我自己更感觉工作不在状态，职业倦怠越来越严重。再这样混下去，既不配当老师，也混不下去了。"

看完这个老师的诉说后，我迫切想说的是，老师们，在我们的身上，有她的影子吗？

说到底，这个老师已经没有教育激情了。

激情是什么？激情是一种强劲的情绪，强烈的情感，也是一种重要的品质，一种笃定的德行。

成就一个幸福教师的因素有很多，诸如心态、专注、学识、能力，等等，但我以为，一个教师有无激情，更重要。

激情，是一个教师拥有一个好的心态的前提，也是教师专注于教书育人这一神圣事业的基础，更是把自己的学识和能力全部发挥出来并生动诠释的关键。可以说，激情胜过心态，激情优于专注，激情比学识、能力更重要。

中国著名教育家于漪说:"激情是教师必不可少的素质。"

获得美国 2009 年全国年度教师的安东尼·马伦,他认为激情、专业化和毅力是他作为一名教育工作者的三大动力来源。他说:"激情是三者中最重要的,因为学生无法对激情之火无动于衷。教师必须将激情投入到课堂中,用强大的情感力量点燃孩子心中的学习动力,激发他们记住关键的概念和思想。学生能够感受到从一位教师身上散发出来的能量、热情与创造力,领会到教师给他们的是重要而有价值的。"

人不能没有激情,人因激情让生活更有滋味,让生命更有活力,让人生更加灿烂。当然,教师作为传道授业解惑的践行者,更不能没有激情。教师需要激情。

因为教育是心灵的对话,是以心言心,以情感情的高雅活动。教育和其他职业有很多不同的地方,其中最重要的一点就是教育里的每一天都是全新的,每一天的内涵与主题都是不同的,每一天面对的孩子都是活泼可爱、天真无邪的,而且这些孩子随时随地都在变化,每时每刻都在成长进步。

教育是富有诗意的生活。有人把教育比作一首诗,它可以是叙事诗,可以是田园诗,可以是军旅诗,可以是古体诗,也可以是抒情诗,它有着不同的意蕴和韵味,也有着各种各样的情调与风格。如果教师没有解读这首诗的愿望与冲动,没有解读这首诗的勇气与灵感,没有解读这首诗的激情与热情,是永远无法把这首诗读懂读透的。

因为教育是育人的事业,它的复杂性、特殊性和丰富性,要求教师必须具备比从事其他职业的人更大的使命感和责任感,更多的教育思想和智慧,更纯朴的情感生成、积淀、迸发和投入。

随着社会经济的发展,现代教育尽管有了很大的发展,但仍然有很多遗憾与缺失。面对诸多对教师不理解的家长,我们无奈;面对日益叛逆的学生,我们茫然;面对以分数论英雄的现实,我们尴尬;面对"犹抱琵琶半遮面"的素质教育,我们叹息;面对学校之间为了竞争,拼得你死我活、头破血流,我们百思不得其解;面对教育的剧场效应和强烈的内卷,我们的教师更是深受其害。

正因为现代教育有了这么多的遗憾和缺失,我们教师才更需要拿出更多、更大的激情来投入教育事业，改变教育现状，并达成教育的美好。特别是在"双减"政策下，教育职能将更多地从社会转回学校，从校外转向校内，继而，一线教师在义务教育中的主导地位和来自家长与社会的期待越来越高，承担的职责和面对的压力也越来越重。而且面临的"课后服务""作业设计""变革课堂""减负提质"等多方面的挑战，也越来越艰巨。在减孩子负担，疏解社会焦虑时，老师做了非常可贵的兜底。如果老师缺乏激情、情绪低落、精神不振，能够担当得起"双减"的使命吗？

陶行知曾提倡"把一切诗化"，并且说："困难诗化，所以有趣；痛苦诗化，所以可乐；危险诗化，所以心安；生死诗化，所以无畏。"陶行知先生所说的"诗化"，指的就是一个教师所拥有的激情。

教师有了激情，就有了昂扬的精神，就有了青春的活力，就有了面对困难与挫折的勇气，就有了积极乐观的人生态度，就会把全身的每一个细胞的生命力都激活起来，从而释放出潜在的、巨大的能量。

教师有了激情，就有了职业的理想和梦想，就有了职业的孜孜以求，也就有了职业的永久保鲜。无论所从事的职业多么平凡、多么艰辛、多么清贫，我们都会引以为豪，把所从事的工作视作最神圣、最崇高的职业。

教师有了激情，就可以把枯燥无味的工作变得生动有趣，从而使我们快乐地、主动地工作着；就可以凭借激情，感染周围的人，让他们理解你、支持你，从而拥有良好的人际关系；就可以凭着激情，全身心地投入工作，创造性地开展工作，从而赢得珍贵的成长和发展机遇。

思想需要思想引领，热情需要热情点燃，激情需要激情带动。有一句古老的谚语说得好："湿火柴点不着火。"

苏联著名教育家苏霍姆林斯基说："有激情的课堂教学，能够使学生带着一种高涨的激动的情绪从事学习和思考，对面前展示的真理感到惊奇甚至震惊；学生在学习中意识和感受到自己的智慧力量，体验到创造的欢乐，为人的智慧和意志的伟大而感到骄傲。"

更为重要的是，教师有了激情，将感染、调动每一个学生的激情，使每一个学生都热情澎湃、昂扬奋发，他们将用朝气蓬勃、生龙活虎的状态，将以浓厚的学习兴趣，100%的热情投入到学习中。你的课堂将由此变得活跃生动，你的教学也将变得高效有趣，你的教育人生更会变得多姿多彩。

没有激情，就没有教育的力量；没有激情，就没有教育的唤醒；没有激情，就没有教育的共鸣；没有激情，就没有教育的创新。

教师的人生，应该是一个激情燃烧的人生，一个幸福的教师，一定是一个充满激情的教师。让我们因激情，而汹涌教育的情怀；因激情，而成为一个幸福的教师！

投入其中，教师的幸福便自在其中

很多年前，看《编辑部的故事》，毛阿敏演唱的主题曲《投入地爱一次》，其歌词至今仍响彻耳际，念念不忘：

> 投入地笑一次
> 忘了自己
> 投入地爱一次
> 忘了自己
> 伸出你的手别有顾虑
> 敞开你的心别再犹豫
> 投入蓝天你就是白云
> 投入白云你就是细雨
> 在共同的目光里
> 你中有我
> 我中有你

由此想到"投入"的话题。

投入，乃一种赤诚，一种执着，一种痴迷，一种专注。

大家有没有这样的体会，我们做一件事情，投入其中，如痴如醉，达到忘我的境界，感觉时间过得飞快，而且时光也最曼妙，幸福感也最强烈。

谁见过爱好钓鱼的人在那里抱怨牢骚？爱好钓鱼的人，哪怕再热再冷，再饥肠辘辘，再遭受虫叮蚊咬，都兴致不减、兴趣盎然，连蹲十几个小时，都不在话下。

因为他们做的是他们热爱的事情,投入其中,沉浸其中,达到了忘我的境界。

投入其中,才会发现那就是最沉醉的时候,最享受的时光,最幸福的感觉。

一个教师,只有全身心地投入其中,才会发现快乐就在其中,幸福也便自然在其中。

比如投入到阅读中。阅读是心情的放松,心灵的放假,灵魂的壮游,随时可以与志士仁人对话,与名家大咖交流;随时可以在书海中发现名山大川,名胜古迹,奇花异草;随时可以在书籍中遇到伟大的人物,偶遇美好的事物,遇到不一样的自己;随时可以在经典中涵泳人文情怀,拥有自己的精神世界,让自己变得与众不同;随时可以让各种苦闷烦恼、忧愁、困惑,在每天投入的阅读影响下,仿佛烤在火上的坚冰一样,渐渐消融。这种美妙的感觉难道不是一种幸福吗?

比如投入到写作中。写作,让你真正打开思考之门,开启阅读之旅,行走在研究之途;写作,让你能够用自己的话语进行阐释,用自己的经历去体悟,用自己的思维进行表达;写作,让你能够以我手写我心,以我心言我情,以我情达我意;写作,让你能站在他人的肩膀上前行,站在团队的肩膀上腾飞,站在自己的肩膀上攀升;写作,在力求写得精彩的同时,让自己做得精彩,在把文字打磨得光亮的同时,让自己活得光亮,在让文字记录岁月的同时,记录自己一路的付出,一路的成长。这种体验,不也是一种幸福的享受吗?

比如投入到某项志趣爱好中。或运动中,"斗力频催鼓,争都更上筹"。生命在于运动,运动是一切生命的源泉。运动能给人以充满活力的身体和积极的心态,让身心永远年轻。运动能给人以百折不屈的毅力,无坚不摧的意志,奋发向上的士气,让生命永远昂扬向上,更快更高更强。或绘画,"莫把丹青等闲看,无声诗里颂千秋"。在挥毫泼墨中,澎湃我们的呼吸,跳动我们的脉搏,激昂我们的心弦。在写意虫草花鸟时,奔放我们的心灵,陶冶我们的情操,快意我们的人生。或书法,"狂僧挥瀚狂且逸,独任天机摧格律"。在笔走龙蛇中,磅礴我们的气势,恢宏我们的个性;在行云流水中,焕发我们的精神，宁静我们的内心，愉悦我们的身心。或游历，"萧萧山路穷秋雨，浙浙溪风一岸蒲"。在不断地行走中，寻师访友，了解社会，关注民生，是读书之外的另一种课程。在不断的出发中，打开思维，拓宽视野，开阔眼界，提升境界，获得一种人生宝贵的财富。这种状态，不就是一种幸福的滋味吗？

比如投入到对学生的关爱中。春雨能融化冰封的泥土，和风能点缀含苞的花朵，朝阳能抚慰心灵的湖水，生命的歌声能唤醒沉睡的种子，老师投入的感情、智慧、精力，能开化孩子的愚钝，教化孩子的顽疾，点化孩子的人生，促成孩子的美丽蜕变。这样，不仅为孩子塑造人格与灵魂，为他们的未来人生奠基，还能在相互关怀，充满温情的鼓励和期待中，让你和你的学生能够收获"你中有我，我中有你"的诗意与温馨，浪漫与哲趣。在某一天，你的学生即将与你分别，你静静地注视着你的学生，动情地对他们说："你再看看书，我再看看你。"这样的画面，不是一种幸福的荡漾吗？

比如投入到教书育人中。教书育人，传道授业解惑，是教师的天职。当我们投入其中，全力以赴，把教书育人作为一种实现自己价值的事业，体现自己人生意义的志业，融入生命中的命业，当我们对待教书育人，像哲学家仰望星空一样地沉醉，像少男少女呵护初恋情人一样地百般柔肠和怜惜疼爱时，一方面我们能够获得奋斗的动力、超越的满足、跋涉的欣慰、进取的乐趣，另一方面，我们也会享受到职业本身所蕴含的不尽的魅力、永恒的创造、巨大的价值。

同时，我们能够从学生一双双渴求知识的眼神中，从一颗颗晶莹剔透的童心中，从一个个天真无邪的身影中，从一声声甜美稚嫩的"老师好"的问候中，拥有教育的灵感，教育的诗意，教育的智慧，教育的力量。

当然，我们还能够从学生的成长进步中，从学生一点一滴的变化中，从学生对社会的贡献中，从学生不辜负人生的作为中，体味到一种其他人所无法体味到的尊严和神圣。

这种被奶和蜜包裹的氛围，难道不是一种幸福吗？

事业因投入其中而成功，生命因投入其中而绚丽，人生因投入其中而灿烂，教师因投入其中而体会到岁月的静好、教育生活的美好，最终收获源源不断的职业幸福。

教师最大的师德是敬业

《普赖尔报告》对美国排名前200位的企业总裁进行调查，问卷中有这样一个问题：在你碰到过的成功人士当中，以下哪个方面是他们成功的主要原因？1. 人际关系；2. 决心；3. 敬业；4. 知识；5. 运气好。其中有40%的受访者选择了"敬业"。

敬业作为一种精神和品质，是一个人对待工作的基本态度，也是一个人必须具备的重要素养。

教师承担着育人、培养人的神圣使命，教师的敬业不仅关乎着自己对职业生涯的演绎和诠释，还关系着人的发展质量，关系着教育对象未来人生的命运与走向，因而敬业的精神和品质对教师尤其重要。

《教师职业道德规范》就明确提出，教师应该做到爱岗敬业。

在我看来，教师敬业的本身，就包含着崇高的师德，最好的师德，最大的师德。

因为敬业的教师，他会爱自己的职业，他会对职业投入情感，专注其中，全力以赴，孜孜以求，饱含着一种尊重、敬畏和喜爱之情；他会有一颗忠诚自己职业的事业心，有一份敬重自己职业的责任意识，有一种成就自己职业的使命感；他会以一种虔诚之心对待职业，视职业为一种神圣的事业，一种实现自身价值的志业，一种融入生命的命业。

因为敬业的教师，他会明白工作的意义，他会清楚工作的姿态是最美的，他会懂得幸福"不在月光下，也不在睡梦里"，而"在你的理想中""在你的汗水里……"他会勤勉地工作，不懈地奋斗，在忘我的工作与奋斗中，收获并感受到无尽的快乐和幸福。

因为敬业的教师，在遇事上总要比别人多想、多做一点儿，在目标上总要比别人高一点儿，在态度上总要比别人坚持一点儿，在速度上总要比别人快一点儿，在细节上总要比别人注重一点儿，在热情上总要比别人奔放一点儿，在勤奋上总要比别人努力一点儿，在主动上总要比别人自觉一点儿，在方法上总要比别人更灵活一点儿。他深知就是这"一点儿"，日积月累，锲而不舍，水滴石穿，会让自己走向幸福与卓越，会让自己变得不可替代。

因为敬业的教师，他会认真对待每一件事，他会竭尽全力地做好每一件事，他会把手头的平常的事做得不平常，普通的事做得不普通，做每一件事力求精益求精、好上加好、尽善尽美，他绝对不会以差不多、过得去、带得过，而马马虎虎、敷衍塞责、应付了事。

因为敬业的教师，他具有人间大爱，他知晓没有爱，就没有教育，爱是教育的源泉，爱是教育的一切。他会爱学生，爱生命中遇到的每一个学生；他会喜欢学生，会用欣赏的眼光包容接纳每一个学生；他会理解学生，会用换位思考善待呵护每一个学生；他会尊重学生，会用平等的视角对待关爱每一个学生。在这样的教师眼中，没有差生，只有差异；在这样的教师的教育教学中，没有轻视、没有体罚，只有轻言慢语、和风细雨。

因为敬业的教师，他永远不知道什么叫劳累，也永远不会有什么职业倦怠。他面对一张张天真烂漫的脸庞，一双双渴求知识的眼睛，一个个生龙活虎的学生，会始终童心未泯、童真常在，思绪飞扬，激情永远；他会在与活泼可爱的孩子们的朝夕相处中，让自己活力四射，青春永驻，光彩夺目，容颜不老。

因为敬业的教师，他不会见异思迁，这山望着那山高；他也不会心神不宁，"身在曹营心在汉"。他会深信，教师这个职业有寒暑假，有较长的假期供自己支配，人际关系不复杂，能够单纯地做事，和孩子们在一起放飞教育梦想，能够创造性地做事，遵从自己的内心，能够做自己喜欢的事；他还会坚信，教师这个职业有可能永远都排不到职业排行榜的最前面，但是一个敬业的教师，一定会在自己的内心深处把教师这个职业排在最前列；他更会笃信，教师这个职业虽然不能带来物质上的富足，但是会带来心灵的充实，精神的丰盈；教师这个职业虽然常常遭遇一些不理解，但是岁月远去的同时，能够收获弥足珍贵的师生情谊，教师这个职业虽然有时也会面对诸多尴尬与无奈，但是伴随每一个奋斗和跋涉的足迹，都会随时体验到成功的喜悦，进取的快乐，创造的幸福。

因为敬业的教师，他永远都是诗性的，富有诗意的。在教育这首长篇的抒情诗中，一个优雅的手势，一个会意的微笑，都可能成为他教育诗篇中的一标一点；一段精彩的讲述，一个成功的创意，都可能成为他教育诗篇中的一词一句；一堂生动的示范课，一场颇有成效的教育活动，都可能成为他教育诗篇中的一章一节；一次对错误循循善诱的开导，一次对正确大张旗鼓的鼓励，一次对疑惑茅塞顿开般的点拨，都可能成为他教育诗篇中的一顿一挫……不管环境如何，条件怎样，面对的周遭与待遇是一个什么情况，他都能品味出这首恢宏壮阔诗篇的博大深邃与精妙绝伦。

一个敬业的教师，让他师德不高尚都很难。

值得青年教师记住的六句话

青年教师人年轻,学历高,知识鲜活,精力充沛,有理想,富有激情,差不多都是走上讲台不久。

然而理想很丰满,现实很骨感。现实的差距与不如意,还有隔三差五的受挫与碰壁,常常令不少青年教师萎靡消沉,甚至一蹶不振。

青年教师怎样尽快融入团队,怎样尽快适应环境,怎样超越自我,不断成长?我想,下面六句话或许能给青年教师带去一些启发和帮助。

一、是金子也不一定会发光

有一个问题,金子是隐藏在地表里面的多,还是提炼出来的多?答案肯定是隐藏在地表里面的多。

统计表明,目前世界上还有很多金子没有被挖掘出来,它们还深埋在地表之下。所以,金子的常态不是发光,而是不发光。

千万别以为是金子就会发光,即使是金子,它的常态也是不发光。由不发光变成发光,这要经历一个很艰辛、很长期、很痛苦的过程。从地表下采金,再提炼,需要多少工序呢?

有资料介绍,在黄金采选、提取过程中,不管是土矿提取,还是砂矿提取,几乎都要经历以下几个步骤:首先是在矿洞将矿石挖掘出来,经过人工或者机器将矿石打成粉末,然后用水冲走表面上的泥沙,只留下含有毛金的锌砂。过去我们的祖辈没有大型机械和化工原料的支持,只能使用水银来吸附锌砂里面的毛金,一般需要三五天左右。当存积的毛金达到七八百克时,使用硫酸和硝酸烧煮，将毛金里面的杂质溶解，经过反复烧煮，普通的毛金就逐渐被提炼成黄金。但这种提炼方式只能达到95%左右的纯度。

这个事实告诉我们，如果你是金子，你必须提高你的含金量并达到一定程度。当你被挖掘出来，你要经过很痛苦的碾磨、冲刷、浸泡，让你身上的杂质熔掉，然后还要成型、打磨、抛光，最后你才会成为闪闪发亮的金子！

青年教师要想在教育这个广阔天地里闪闪发光，熠熠生辉，有所作为，得到人们认可、称道、敬佩，这绝不是一件容易的事。

我以为，从参加工作的第一天开始，你就应该对人生有一个定位，对专业发展有一个规划，对自己的职业选择负责；就应该敏于学习，勤于思考，善于研究，乐于工作，勇于挑战自己；就应该在认识自我、发现自我中，找到生命中最亮的那个点，不断历练，反复磨炼，再三锤炼，让自己的那个点光彩夺目，也让自己变得不可替代。

这便是人生意义的体现，也是人生价值的实现，更是自我超越的必然。

二、适应环境比什么都重要

青年教师从象牙塔中走出，有可能会来到一个陌生、被动、不如意的环境，这时候正确的做法应该是主动适应环境，在适应中改变自己、提升自己、超越自己。

但现实生活中，有的青年教师却不是这样。他们面对现实中的环境，既不去适应，也不主动地改变，而是在那里一味地埋怨责怪，甚至于自己作践自己，自己放弃自己，把自己逼到死角。

我曾经读到过一段关于植物生长的描述："植物们就是这样，生在哪里便站在哪里，老老实实地站上一辈子，谁也不会跑，谁也不会走。渴了，不能移动身子找水喝；饿了，也没有办法迈开脚步去找东西吃。好在它们能挨、能忍，有多少吃多少，有多少喝多少。它们自己找养分，自己找阳光，自己成长自己，自己健壮自己。"

我多希望青年教师也具有植物的这种品性，把自己的命运紧紧地掌握在自己手中，当自己一时无法改变身处的环境时，就应该"自己找养分，自己找阳光，自己成长自己，自己健壮自己"。

或许在这样一个努力适应，不断提升的过程中，有一天你会发现，成功已悄然而至。

三、你的心态就是你的人生

心态决定成败，心态改变命运。一个人拥有的心态，在很大程度上决定了他的人生路能走多远。

很多青年教师在工作中常常叹息这也不如意，那也不舒心。如果以这样的心态去面对工作，面对职业，那么他很可能整天都会情绪低落，唉声叹气，也就很难打起精神，很难投入其中，也更难敬业乐业了。

对于我们每个人来说，一天24小时，以积极心态对待是一天，以消极心态对待也是一天，我们为什么不以积极心态去对待生活中的每一天呢？

我们所面对的客观现实都是一样的，但是不同的心态，给我们带来的心情是不一样的；给我们带来的人生态度、人生体验是不一样的；给我们带来的人脉关系、工作效果、学生成长更是不一样的。

前些年所播的《喜羊羊与灰太狼》，其中有这样的剧情：

红太狼："灰太狼，羊呢？我要吃羊！"
灰太狼："老婆，我今天差一点就成功了！都怪那个喜羊羊！"
红灰狼怒吼："你这个笨蛋，你嘴巴大，脑袋圆，长得难看，家里没钱。我当初真是瞎了眼……"
灰太狼："老婆，你千万不要生气，生气会对皮肤不好的！老婆，我这就给你抓羊去！"

你看，灰太狼每次都是信心百倍地出去，每次都是鼻青脸肿地回来，不但得不到老婆红太狼的一丝安慰，还要被老婆大骂，可灰太狼却总是保持着乐观的心态，一边逃一边安慰红太狼，又还要着手去抓羊。

面对工作、生活的多重压力，青年教师要向灰太狼学习，永远保持一种乐观积极的心态，永远让自己呈现出阳光自信、豁达亮堂、坦然自若的状态。不要让岁月磨平了我们的棱角，不要让悲观洗刷了我们的激情，不要让消极模糊了我们的双眼，不要让怨天尤人阻挡了我们进取的步伐。

四、把"泥土"作为人生的垫脚石

人的一生不可能一帆风顺，面对困难、挫折、坎坷，甚而遭遇一些苦难和不幸，这是任何人都回避不了的。

然而，这些困难困境、挫折坎坷、苦难不幸，都可能是人生的一笔财富，是考验我们的试金石，是历练与提升我们的机会。

一头驴子不小心掉进一口枯井里，农夫想尽办法都未救出，只好请左邻右舍的人一起帮忙，打算把驴子埋了。大家你一铲我一铲开始将泥土铲进枯井中。

这头驴子了解到自己的处境时，刚开始哭得很凄惨，出人意料的是，一会儿后它就安静下来了。大家好奇地往井底一看，出现在眼前的景象很令人吃惊：当铲进的泥土落在驴背时，驴子将泥土抖落在一旁，然后站在泥土上面。就这样，驴子将大家铲倒在它身上的泥土全部抖落在井底，然后再站上去，很快便得意地上升到井口，一跃而出，摇着尾巴跑走了。

在生命的旅程中，青年教师也有可能陷入人生的"枯井"里，也会有各式各样的"泥土"不断倾倒在身上。我们可以做的，就是不屈服于现实，真正做到遇险境而不惊慌，只要毫不犹豫、锲而不舍地将倒来的"泥土"抖落掉，并将这些"泥土"作为人生的垫脚石，就能化困境为顺境，化危机为转机，化柳暗为花明，最终做命运的主人。

五、再不起眼的角色，都可能成为主角

每一个人都扮演着一种社会角色。作为青年教师，我们的本职工作是言传身教，我们的神圣使命是教书育人，我们的本质角色是光荣的人民教师。

演什么就是什么，是一个使命，因为你属于这个角色；演什么就是什么，

是一种意志，因为精彩是生命的归宿。

作为青年教师，怎样扮演好这一角色呢？我想先给大家分享一则故事：

英国的一个小镇上，为了募捐，玛莎所在的学校准备排练一部叫《圣诞前夜》的话剧，得知消息后，玛莎第一个去报名当演员，她的目标是演剧中主角的女儿。

但在定角色那天，玛莎却一脸冰霜地回了家。因为她得知，她演的角色是一只狗！在家里，玛莎情绪低落，吃饭也没了胃口。爸爸得知后，便对玛莎进行开导，玛莎听了爸爸的话后，不仅没有拒绝演狗，还很乐意很用心地进行了排练。

演出当天，玛莎穿着一套毛茸茸的道具装，手脚并用地在台上爬来爬去，还不时伸个懒腰，晃晃脑袋，动作惟妙惟肖，精湛的表演吸引了所有观众的注意力，即使她从头到尾都没有说过一句台词。

后来，玛莎向人们透露了爸爸开导她的话："如果你用演主角的态度去演一只狗，狗也会成为主角。"

青年教师应该知道我分享这则故事的用意了。是的，我们虽然是一个平凡而普通的教师，这个角色也挺小，但既然我们选择了这个角色，哪怕这个角色再不起眼，再不惹人注意，只要我们用心投入，全力以赴，认真扮演好，完全可能让自己成为主角，哪怕我们连一句台词都没有。

更何况，教师传道授业解惑，责任重大，使命崇高。孩子的成长和未来的人生幸福，很大部分掌握在我们手上，我们这一角色简直太重要了。我们既是孩子生命的主角，又是自己人生的主角，还是教育发展的主角，我们没有任何理由，不扮演好自己的角色。

六、突破"自我设限"，就是突破人生的"天花板"

跳蚤可称得上是跳高冠军了，它跳跃的高度都能超过身高的100倍。为了研究心理与高度的极限是否存在联系，生物学家把跳蚤放进杯子里，同时在杯口加一个玻璃罩，"嘣"的一声，跳蚤重重地撞在玻璃罩上。

跳蚤生性喜欢跳，跳蚤不停地跳，不停地被撞。一次次地被撞之后，跳蚤开始变得聪明起来，它开始根据玻璃罩的高度来调整自己所跳的高度。几天后生物学家悄悄拿走玻璃罩，跳蚤却仍按所调整的高度继续跳，而且是在这个玻璃杯里不停地跳动。这个可怜的跳蚤，它已经无法跳出这个玻璃杯了。

是不是有的青年教师也曾有过这样的"跳蚤人生"呢？他意气风发走上讲台时，雄心勃勃、精神抖擞、斗志昂扬，但遇到几次挫折和失败之后，要么悲叹自己运气不佳，要么开始怀疑自己的能力……于是乎，他把自己捆住，给自己设定了许多条条框框。手脚的束缚让他动弹不得，条条框框的限制让他失去想象的空间和奋进的勇气，继而失去前行的动力和人生的方向。

其实成功并没想象中那样难，"高度"并非无法超越，条条框框也并非无法打破。这个时候，你只需多一点勇气，多一些自信，多一份坚强，敢于走出失败暗示的心理阴影，敢于冲出自己编织的"心理牢笼"，敢于打破自我设定的心理障碍，坚定地向前行进，就能够战胜自我，最终顺利地抵达终点。

记住这六句话，并以此随时提醒自己，引导自己，或许，你离卓越而幸福的青年教师就不远了！

做一个"四自"的教师

年轻教师的成长和发展,关键在于自己的自我要求、自我管理。这种自我要求和自我管理,我以为应该体现在以下"四自"上。

一、要自知

从前,一个寺院里来了一位卖伞的老人,老人对佛陀倾诉自己生活的艰辛与苦闷。

佛陀问道:"那你觉得干什么才最幸福、最快乐?"

老人说:"当然是当国王。他吃穿不愁,统领全国,想做什么就做什,想要什么就能拥有什么。"

佛陀说:"但愿如你所愿。"

老人回到家,睡了一晚上,早晨醒来时发现自己已身处皇宫,身边有百官对他俯首称臣,还有上百仆人细心地侍候着他。

但他还没明白是怎么回事时,就被催着理朝事,听奏报,批奏章。一通瞎忙,弄得他六神无主、头昏脑涨、胸闷气短。他开始想念原来的日子,虽然辛苦清贫,却是那么悠闲轻松、快乐幸福。

这时他才顿悟,人应该认识自己。

人最难的是认识自己。一个人能认识自己,认识自我,知道自己能做些什么,适合做些什么,做不到什么,不适合做什么,就不会好高骛远、盲目自大，也不会心无定数、见异思迁，更不会自卑自弃、一味羡慕他人。

但是认识自我，远比认识他人难很多。因为人们习惯于眼睛盯着别人，不愿意审视自己，人们也通常不愿意承认自己不好的那一面，都说"当局者迷""不识庐山真面目，只缘身在此山中"，人往往会主观地认为自己就是完美的。

青年教师认识自己，首先要了解自己。了解自己的一个重要方面，就是要认识自己的专业长处、专业成长方向，要找到自己能够拿得出手的那一样。以此确定自己的成长目标，把"拿得出手的那一样"打磨得熠熠生辉，让自己在这一方面出类拔萃，变得不可替代。

其次要认同自己。一方面要认同自己这样一个独一无二个体的重要性，看重自己；另一方面也要认同自己现在所从事的教书育人的职业的神圣，责任的重大和使命的崇高。

一个人不可能热爱连自己都不认同的职业。年轻教师只有建立对自己职业的"愿意"和"认同"，才会热爱自己的职业。没有真正的热爱，就没有真正的使命感，也永远不会有伟大的老师。

二、要自省

《论语》中有一句话叫"吾日三省吾身"，古希腊哲学家说："没有经过反省的人生是没有意义的。"这些都告诉我们，人要时常反省自己，常常掂量一下自己，要把自己看个清清楚楚，弄个明明白白。没有反省就没有进步。

日本"经营之圣"稻盛和夫出身贫穷，父母靠卖纸袋为生，家里条件拮据，自己的学习成绩也很是一般。就是这样的一个普通人，却打造了京瓷和KDDI两家世界500强企业，还在78岁时用1年时间力挽狂澜，将即将破产的日航扭亏为盈。他说他的成功之道，就在于不断坚持自我反省，以便随时诫勉自己。

他说："天天忙忙碌碌，终日沉溺于事务，我们常常因此忘记了反省，这样的生活无从提高我们的人格。必须有严格的自我反省，才会促使我们变得高尚。人生中缺乏反省，成功即成失败之母。"

反省的过程实际上是调整自己目标的过程，是校正和修订自己言行的过程，是总结和学习让自己不断提升的过程，更是历练和锤炼让自己日益走向成熟和卓越的过程。

遗憾的是，不少青年教师稀里糊涂打发着时光，得过且过地消耗着光阴，缺乏反省的意识和自觉，过一天算一天。天天如此，天天一个样，循环往复，停滞不前，哪有进步和超越？

自省的一个重要方面，就是要冷静而谦虚地审视自己，学会从自己身上找原因。如果你反省的结果是把原因全找到别人身上去了，而没有从自身上去检讨，从主观上去剖析，这种反省又有多大实际意义呢？从某种程度上讲，这实际上是一种推诿、一种借口、一种对自己的不负责任。

红顶商人胡雪岩在江湖上是最谙人情世故的，他有一句话："前半夜想想别人，后半夜想想自己。"说的就是人要善于自省，善于审视自己。在我们很小的时候，父母也时常教育我们，一个人要长大成人，要学会从自己身上找问题。

一个军官下部队去看望士兵，看见一个士兵帽子很大，大得快把眼睛都遮住了，他走过去问士兵帽子怎么这么大？士兵立正答道："报告长官，不是我的帽子大，而是我的头太小。"军官听了哈哈大笑："头太小不就是帽子太大吗？"士兵说："一个军人，遇到点什么，应该先从自己身上找原因，而不是从别的方面找问题。"军官点点头，似有所悟。10年后，这位士兵成了一位伟大的少将。

士兵这种善于自省，勇于从自己身上找原因的品质，的确值得我们学习。

三、要自律

汉代班固说："教者，效也，上为之，下效之。"宋代的李邦献也说："教子弟无他术，使耳所闻者善言，目所见者善行。"

教师劳动与其他劳动的一个最大不同点，就在于教师主要用自己的思想、言行、常识，通过示范的方式去影响学生。教师的知识水平、教学方式、工作态度、兴趣爱好，乃至一言一行、一举一动，都会给学生带来直接或间接的影响。

加之，学生善于模仿，具有强烈的"向师性"。在学生眼里，教师就是楷模，就是典范，老师说的都是对的，老师一切都是好的。教师的这种职业特点和工作特性，就决定了必须具有更高的行为规范和要求，必须以身作则。

因此，年轻教师必须学会自律。自律是自己与自己的博弈。教书育人，为人师表，一言一行皆影响深远，我们的自律，不仅关系着教师崇高的师德问题，也不仅关系着对学生知识的传授问题，更关系着立德树人，教会学生怎样做人的问题。苏联著名教育家加里宁曾说："教师的一举一动都在最严格的监督之下，世界上任何人都没有受过这样严格的监督。"

作为年轻教师，要求学生做到的，自己需带头做到；要求学生不做的，自己一定不要去做。如果说归说，做归做，说的是一套，做的是另一套，这种教育肯定是失败的，这样的老师在学生心目中肯定是没有威信可言的。

比如我们要求学生读书，自己却从不去读书；要求学生助人为乐，自己却自私自利；要求学生文明有礼，自己却出言不逊；要求学生尊敬师长，自己却不孝敬老人；要求学生遵守纪律，自己却自由散漫；要求学生穿戴整齐，自己却蓬头垢面；要求学生不使用手机，自己却在课堂上随意接听手机，这种教师还有什么表率作用？

正如古希腊哲学家泰勒斯所说："做什么事情最容易，向别人提意见最容易；做什么事情最难，管好自己最难。"

自律是不放纵自己，是自己对自己的约束，是自己对自己的严格要求，是自己给自己的人生加上了一条捆绑自己的绳索。相对于自由散漫和想怎样就怎样，那会是一件很苦的事，甚至是一件很痛苦的事。

但是，一个善于自律的年轻教师，他会有精准的人生定位，有明确的发展目标，他知道自己想要成为什么样的人，也知道自己将要达成什么样的诗与远方。因此，他不管身处什么环境，遇到如何糟心、揪心的事，他都能够不忘初心，对自己的人生梦想和追求矢志不移。

年轻教师能保持自律，生活和工作中的一切困难都会迎刃而解，他们的人生，终将开挂。

其实，决定你人生高度的，是你的自律；决定你教育魅力的，还是你的自律。你有多自律，你就会有多优秀。

四、要自尊

每一个年轻教师都是很隆重的存在，都是天空中耀眼的星星，都是不可复制的孤本。想成为有尊严的教师，就必须先自尊，要珍惜自己的名誉，珍爱自己的生命，珍视自己的职业，注重自己的气节。我们不低人一等，不能轻视自己、作践自己，也不企求讨好别人、巴结别人，要活出自己的风骨和价值。要知道，不跪着教书的教师，才能教出挺直腰杆的学生。

社会对教师的形象要求是很高的，做老师的人一定要有一个基本的精神气质和精神长相，一定要有个老师的样子，一定要自重、自尊。

我想，广大年轻教师能够懂得自知、自省、自律、自尊，做一个"四自"老师，就一定能够战胜自己、突破自己、超越自己！

第二辑

「双减」下的校园

"双减"下,校园应多一些选择

为什么有孩子讨厌校园,为什么有孩子厌倦学习,为什么有部分孩子缺乏学习的动力?说到底,还是因为我们的校园缺少了一些选择。

多年来,我们的教育已习惯于学校和教师主宰一切。统一的课程,统一的课表,统一的目标,统一的要求,统一的考试,统一的排队,回答问题统一举手,坐姿统一小手背后,课堂统一肃静……

教育的根本目的是让每个孩子的个性得到自由彰显,让每个孩子的潜能得到充分挖掘,而自由彰显的前提是选择,充分挖掘的基础也是选择。

这种统一的要求,限制了孩子的选择,让孩子既没有选择的空间,也没有选择的机会,更没有选择的权利。

其实,这样的教育往往都是在"为了孩子好"的幌子下,忽视了孩子作为独一无二的个体差异和需求。

选择很重要,人生贵在选择,教育也更在选择。教育是一个互动的过程,如果教育缺乏选择,让孩子失去应有的体验、感悟和内化,教育就没有生长,孩子也就得不到很好的成长。

刷屏的冬奥滑雪冠军谷爱凌,她的天才级的成长范式,虽然不具备普适性,但是她的妈妈深谙让女儿"学会选择"的教育意义,充分尊重孩子自由选择的权利。

谷爱凌的妈妈说,从谷爱凌三岁起,她就凡事都让谷爱凌自己选择。她对谷爱凌的要求是,选择了一件事情,就要努力去做好。这次北京冬奥比赛,在两跳结束后,谷爱凌以182.25分掉到了第三位。她在和妈妈通话时,妈妈建议她做保守的1440,这样至少可以确保拿到一枚银牌。但是谷爱凌却做出了自己的选择,"我当时决定跳1620,妈妈就说:'当然,这个主动权在你。'"最后,她成功了。

很多父母都常把自己的选择强加给孩子,不顾孩子的想法与感受。我在想,如果谷爱凌的妈妈始终把自己的女儿抓在手上,一切以自己习惯的方式决定一切,谷爱凌可能不会成长得这么优秀。在那关键一跳中,她多半会对妈妈的建议言听计从,也不可能做出超越自己的选择。

谷爱凌正是在不断的选择中发现自我,唤醒潜能,享受自由,懂得承担,养成独立人格,这让她最终成为她自己,让她走上了不断超越、更加卓越的道路。

在充满激烈竞争的今天,我们的孩子面对的是一个复杂多元的社会。按理说,选择是他们必须面对的,因为每个人都会站在人生的十字路口,每个人都会面临着人生诸多选择,而我们的孩子在面对选择时却常常感到不安和陌生,个中原因是因为我们的教育让孩子少了选择的机会。

当教育多一些选择,当选择成为校园里的一种常态的时候,不仅思考会成为一种自觉,学习也会成为一种自主。

当每一个孩子能够自己独立做出选择时,他就无法回避对自己、对社会的追问。自己的选择自己做主,自己的选择自己负责,一方面,他会理性地选择,更加谨慎地对待选择;另一方面,他的自我潜能能更好发挥。

当理性的选择与相应的责任感,使孩子们能够勇敢地面对现实、面对人生、面对一切时,当下教育中存在的许多问题,不是都迎刃而解了吗?

教育需要选择,"双减"下的教育,更需要选择。"双减"下,随着作业及课外培训负担的减轻,孩子们可供自己支配的时间增多。增多的时间,不是拿来让孩子浪费的,除了保证孩子必要的休息玩耍、放松调节外,孩子们可以选择阅读、做家务、运动和参加社会实践等。如果我们的教育让孩子没有选择,那么他们压根儿就不会选择,一切等着被安排。

所以,在"双减"新形势下,我们应该尽可能创造一个充满选择的教育环境。

课程是可以选择的。通过研发校本课程、班级课程、特色课程,设置多样化、具有梯度性的课程,像北京十一学校那样,将数、理、化、生按难度分层级设置，让每个学生可以根据自己的基本状况和未来职业方向选择适合自己的层次学习；使课程适应孩子，让孩子在享有尽可能多的选择机会的同时，个性得以发展。

活动是可以选择的。通过开设各种丰富多彩的社团活动，特别是针对当下适应"双减"的课后服务，更可以组织一些实践、体验、艺体等活动，让孩子根据自己的兴趣爱好选择参加，在活动中张扬个性，爱上学习，增强自信。

学习方式是可以选择的。可以根据自身基础和学习情况，选择自学、听课学、相互讨论学、到图书馆查阅资料学等，甚至在自己已经学会时，可以选择休息、睡觉，或者学习其他学科。

参加卫生打扫也是可以选择的。老师不必给每个孩子分配任务，可以让孩子结合自身实际自由选择。力气大的选择挪移桌凳，个子高的选择擦拭门窗，甚至身体不适的可以选择放弃，不参加。

座位都可以由孩子自己选择。老师安排座位曾遭受质疑，说这里面有猫腻。老师把座位选择权交给孩子，不是避免他人的质疑，而是教育的需要。有人会说，孩子们都去挑C位，都去选好的座位，怎么办？这恰恰会成为一种难得的教育契机，我们可以在这样的过程中，教会孩子怎样认识自我，怎样定位自己的生活坐标，怎样找准自己的人生座位。

即使班干部、学科代表，也可以让孩子选择。当然，完全有可能出现多个孩子选择同一个职位的现象，这个时候，又可以通过竞选来培养孩子们的思维表达能力、公平公正意识，以及耐挫力。

总之，校园给孩子选择的机会多了，孩子在选择中所发现的自己的特长与潜能、所体验的艰辛与喜悦、所培养的创新精神和能力、所积淀的面向未来人生的技能和本领，肯定会胜于单纯知识的学习和单方面成绩的获得。更重要的是，会让校园充满生机，让教育回归根本，让教育生活更有意义！

"双减"绝不能减去老师的幸福感

"双减"之下,学生、家长负担在减轻,总的来说幸福感在提升,这是不争的事实。

然而"双减"新政,强化了学校教育主阵地作用,也加大了教师的工作强度、压力和责任,这也是无法回避的现实。

无论是"减负提质",还是做好课后服务,乃至让"双减"达成实质性目标,取得绝对性成效,教师都是关键参与者,也是生力军。

在"双减"之前,由于受诸多方面的影响,教师职业倦怠问题已日益凸显,职业幸福感不断降低,这已成为制约教育持续发展、高质量发展的一个突出问题。

"双减"之后,随着工作时间的加长,责任的加重,压力的加剧,隐形工作量的加大,工作要求的加高,老师的职业积极性和职业幸福感更面临严峻的考验与挑战。

教师是人,不是神,他要生活,他要养家糊口,他要照顾孩子,他要侍候老人,他要扮演好自己应该扮演的其他角色;他也需要放松,需要调节,需要给身心一个空间、一份自由。更何况教师作为常人,所能承受的工作担子和压力也是有限度的。

讲师德,讲敬业,讲奉献,在短时间内教师可以承受,也可以忍受,哪怕是再难受,但是无限度地承受,那是不行的,那是要出问题的,那是放在谁身上都做不到的。

因此,在"双减"背景下,能否在不减掉老师幸福感的前提下,还要提升老师的幸福感和幸福力,这是摆在当下的一个重要课题。

可以说对这个课题的破解程度，决定着教师的工作态度和效果，也决定着"双减"的质量和最终的成效，当然，更决定着教师这个职业能不能在走向未来的时候，成为人们羡慕的职业，决定着能不能有更多的优秀人才在教育面向未来的时候选择当老师，让优秀的人才教出更优秀的学生。

要不减掉老师的幸福感，社会层面首先应该理解老师。人无完人，师无完师。即使把教师职业比作太阳那样神圣，那样光芒万丈，太阳也还有黑子；即使老师有什么差错闪失、缺点错误，也应就事论事，不夸张，不炒作，不把教师当成圣人般苛刻，否则将让教师在正常的教育教学活动中畏畏缩缩，成为"佛系教师"。

其次应该尊敬老师。在每个人的一生中，没有谁的成长不受益于老师，没有谁一路走来没受到过老师的深刻影响，没有谁的生命中没有老师这个重要的人。我们每个人从一字不识，到见识增长，都是靠老师甘为人梯，铺路搭架，把我们送上人生高地，让我们成为最好的自己的。

对老师的尊敬，天经地义，是为人的常理。这既是中华民族传统美德的传承与弘扬，又能让老师在不尽的幸福感的收获中，汇聚一路前行的动力。

最后应该善待老师。我有一个观点，就是即使我们还暂时做不到理解老师、尊敬老师，但至少应该做到善待老师。

要不减掉老师的幸福感，教育主管部门和学校，第一要关爱教师，呵护教师，真正成为教师的体贴者和代言人，深信"教师对我们认可与追随与否，取决于我们是俯视教师、平视教师，还是仰视教师"；要坚持教师第一，具有教师立场和视角，坚信"教师有尊严，校长才有作为，学校才有荣光，教育才伟大"；具有同理心、共情心，善于换位思考。

第二，在内部要以服务于学校发展，服务于教师成长为目的，让教师忙到点子上，忙得有价值，忙得有意义，忙得有想头，忙得有效率，忙得有快乐，忙得有幸福。

第三，教育主管部门和学校，还要让老师多走出校门看世界。观世界，才有世界观；看得多，见识才多；走得远，境界才高。行得万里路，胸中才自有气象万千，气魄雄浑，对于孩子才有好的教育，对于老师才会有职业的新鲜感，不断收获职业的幸福。

第四，还要为教师做好职业生涯规划，为教师架设职业发展的天梯，搭建专业成长的"脚手架"。让不同类型的教师，诸如教学型、研究型、管理型、服务型等，各得其所，得以系统性、专业化地发展与成长。

同时，争取并用活相关政策，改善老师的工作环境和条件，保障和落实老师待遇，让老师能够体面地生活，幸福地过日子。

为了不减掉老师的幸福感，作为老师自己当然也需要做出一些努力和改变。要善于自我调控，要学会管理自己的情绪，要能自我解压和自我疏导，要凡事往好处想，往好的方面努力，让自己拥有积极而阳光的心态，要习得先进的教育理念和教育思想，不断探寻教育的终极价值，不让自己被捆绑于应试教育的战车，在伤害孩子的同时让自己苦不堪言。

要尽可能让自己养成不断学习、持续学习、终身学习的习惯，在学习中让自己保持不断生长的生命状态，在学习中让自己的每一天变得新鲜，在学习中让自己的职业变得光鲜。

除此之外，还要拥抱生活，享受生活。教师的幸福来自美好关系，所以教师需要建立良好的人际关系，包括家校关系；教师的职业不关乎轰轰烈烈的壮举，教师需要善于从教育生活中发现和拾掇一个个幸福的瞬间和稍纵即逝的美好。

一边"双减"，一边提升老师的幸福感，有减有增，以减促增，"减负提质"的教育愿景或将指日可待！

可以不优秀，但一定要幸福

教师这一职业神圣而美好，这是不容置疑的。

但是教师这一职业不言而喻又是辛苦的。既要忙于照管学生，又要完成教学任务；既要备课讲课，又要批改作业、个别辅导、走访学生，现在"双减"还要完成课后服务；既要花时间让自己的专业得以成长，又要想尽一切办法提高教学质量；既要努力完成学校交给的任务，又要承担来自方方面面的非教学任务；既要接受学校的考核，又要面对家长、社会的监督。

教师的职业显而易见还是平淡的。几十年如一日，长期封闭在校园里，少与外面接触，周而复始与学生打交道。可以说是一支粉笔舞人生，三尺讲台写春尽；春蚕到死丝方尽，蜡炬成灰泪始干。

在平常人眼里，这哪有幸福可言呢？

然而幸福是自己内在的一种感受。同优秀不一样，优秀是他人的评价，而幸福是自己内心的认同。优不优秀，自己可能决定不了，但幸不幸福，自己完全可以说了算。正如自己的人生自己安排一样，自己的幸福自己也可以做主。

幸福也是一种神圣的职业态度。它是因对职业的喜欢所洋溢的一种快乐与愉悦，是对职业热爱所荡漾的一种激情与豪迈，是对职业不懈追求所彰显出的一种意义与价值。

幸福更是一种崇高的人生境界。它体现的是一份充实闲适，一份自信豁达，一份逍遥自在，一份宁静祥和，一份朴实无华。

真正的幸福，不会以是否优秀去计较，不会以物质与财富的多少去定义，不会以名利得失去衡量，不会以工作的繁琐与辛劳去确定，不会以职业的光鲜与卑微去判断。

基于此，教师拥有幸福并不难，幸福就在眼前，幸福就在身边，幸福无处不在。

从学生灵动的眼神中，从学生活泼的身影中，从学生一点一滴的变化中，从学生的成长进步中，从学生的人生作为中，从学生今后对社会的贡献中，我们可以享受到职业幸福。

从教书育人使命的承担中，从师生心灵的碰撞与交流中，从不经意间的教学灵光的闪现中，从偶尔教育智慧的迸发中，我们可以体验到职业幸福。

从自己的专业发展中，从自己的学识修养提升中，从与调皮学生的一个巧妙过招中，从自己的文字见诸报端中，从自己教学教研成果的丰收中，我们可以收获职业幸福。

从浓厚芬芳的校园文化中，从和谐的人际关系中，从学校大家庭的不尽温暖中，从所涵养的一颗永远不老的童心中，从同事、家长与社会各界的认可与赞许中，我们可以感受到职业幸福。

总之，一个幸福的教师，他具有捕捉幸福的能力，具有感知幸福的触角，具有拾掇幸福的睿智。

每一个明媚的日子，每一个温馨的时刻，每一点成功的喜悦，每一步跋涉的记忆，每一次偶然的相遇，每一束相送的鲜花，每一声祝福与问候，都可以变成教师生命中值得回味的幸福。

能够享受到职业幸福的教师，他会用积极的情绪去对待学生和手头的工作，会以从容的心态去应对教育生活中的种种困惑和压力，会凭优雅的身姿去修补教师职业生活中难以避免的疲惫和倦怠。

他职业生涯的每一段时光，都会闪耀着太阳般的光辉；他在漫长岁月的厮守中，都会充满着一份浪漫与温情；他躁动不安的灵魂中，都会永远驻扎着一个梦；他在春风化雨、无声浸润的校园里，都会一直洋溢着一脸笑，始终高扬着一面旗。

能够体验到职业幸福的教师，会用爱在师生之间架起一道心灵的桥梁，师生关系不再是彼此对立，而是一种心的交融与爱的传递，他会用担当塑造一座使命的丰碑。教书育人带给他的不再是无限的压力，而是一种无形的动力；他会用坚定的信念和顽强的毅力撑起一片教育的天空，奔波在校园里的不再是疲惫的身躯，而是用责任与良知对一个个生命的陪伴，对教育执着而虔诚地坚守的身影。

能够收获到职业幸福的教师，他会一如既往地追寻理想的教育，即使岁月夺走了青春，汗水浸透了衣衫，劳累染白了双鬓，他都会无怨无悔；他会义无反顾地向反教育常识、违背人性的教育说"不"，即使对当下的教育无力，他也会尽一己之力营造出局部的春天；他会高擎教育的灯盏照亮孩子人生的路，即使光线微茫，他都不会放弃，因为在照亮孩子的同时他也照亮了自己。

能够感受到职业幸福的教师，他不仅能充分感受到教育生活的幸福，而且能够真切地领略到人生的幸福。他懂得取舍，学会放下，能够知足常乐；他从容淡定，宠辱不惊，能够优雅自如；他不盲目攀比，不一味追逐名利，能够活出自我，做最好的自己；他剔去浮华，远离喧嚣，能够始终保持内心的平和与宁静。这些，恰恰是一个人拥有幸福人生应有的样子和状态。

既然如此，能做一个幸福的教师，即使我们暂时不优秀也无所谓。我以为，也许我们便是比那些所谓的优秀教师还优秀的优秀教师！

为"教师弹性上班制"叫好!

近日,中共中央办公厅、国务院办公厅印发了《关于进一步减轻义务教育阶段学生作业负担和校外培训负担的意见》(以下简称《意见》)。《意见》中要求:学校可统筹安排教师实行"弹性上下班制"。我为这一要求叫好!

在人们的眼里,老师似乎一天只有那么三四节课,事实上,老师们一天的工作量岂止是几节课的事。上课前的备课,备教材,备教法,备教具,备学生,备学情,备学法;上课后的作业批改,个别谈话,个案辅导,家长沟通,家庭访问;还有平时老师的师德学习,专业培训,资料准备,数据提供,表报填写,应对检查,处理突发事件,等等,都是老师的日常工作。

更何况,现在很多地方的老师承担了很多不该老师承担的社会事务和非教学任务。

因为孩子放学接送的问题设置的课后服务,老师一天突然多出两个多小时的上班时间。因取缔学科类社会培训机构,应运而生的托管,又让在暑假参与的老师多出了十多天工作日。

一般情况下,老师和学生的时间是同步的。但事实上,老师和学生的时间在现实中很难做到同步。老师差不多都是先于学生到校,后于学生离校。也就是说,老师上班更早,下班更晚。

老师是人,不是神,老师也有自己的家庭,老师也要养家糊口,也要好好生活。老师除了调节好自己,也需要时间陪伴家人,还需要精力照顾好自己的家人。

老师工作时间延长,压力增大,长此以往,势必影响教师的情绪和正常生活,势必会给教师带来很多健康隐患,也势必会给教育安全埋下诸多地雷。

现在，中办、国办发文，学校可统筹安排教师实行"弹性上下班制"，无论今后在实施过程中，还有一些什么难度和阻力，还存在什么困扰和问题，这对于老师来说都无疑是一大利好，是一份暖心的福利，是一种不尽的关爱。它体现了对教师的尊重，对老师的善待，对人性的推崇，对人文的关照。

不容置疑的是，当下教育责任无边界，已让老师不堪重负。或许教师的工作任务太重，导致他们在工作时间内也许"弹性"不起来，甚至动"弹"不得，但一个"弹性上下班"制度的及时出台，至少给人们传递了一种执政理念，一种价值取向，那就是管人重在管心，一切由"心"出发，一切由心使然，而不是把人死死地管住。

北京市昌平区城关小学原校长柏继明，被称为"减负校长"，她在担任校长期间，一直对老师实行弹性管理。按照她的说法，这种弹性管理，就是散养式管理，老师们不用签到，不用坐班，有急事可以调课去处理。

她认为，我们要充分信任老师，不要把老师管得太死，只要他们把"蛋"下在学校就行。在这种"弹性"管理下，老师们相反会在工作上更用心，更认真，更投入，更不敢懈怠。

一边无限延长老师工作时间，把老师管得死死的，在时间上没有点弹性，在心灵上没有点闲适；一边又要求老师更好地工作，要爱岗敬业，要爱学生，要出成绩。这是不是有"又要马儿跑得好，又要马儿不吃草"之嫌呢？

上有政策，下有对策。这个"对策"，不是应付忽悠之策，而是切实落实之举。

各地教育主管部门和学校，首先应该坚持"教师第一"，具有教师立场、教师视角，一切从教师实际出发，一切为一线教师着想；其次应该不遗余力修炼领导力，不主观臆断，不政出多门，不随性而为，不一味刷存在感，不断提升治理能力和领导艺术；再次应该着眼于全局和学校正常运转与有序发展，统筹规划，合理安排，有针对性地进行设计，允许教师在不同时段有适度的窗口时间，便于教师调剂自己的工作和生活节律。

能不能把国家的意志落地，能不能把这一利好变现，这考验着教育管理者的水平和智慧，也检验着教育管理者对教师的态度和情感！

"双减"下,老师更应拥有快乐的心情

快乐的心情,是一种良好的情绪,是一种平和的心态,是一种积极的状态,是一种闲适的情态。

保持快乐的心情,不仅生活需要,而且工作需要;不仅干其他行业需要,从事教育工作更需要。

因为教育工作不仅要"劳力",还要"劳心";不仅要面对质量、安全、学生管理等压力,还要面对自我学习、成长、发展等任务;不仅要接受来自家长、学校、社会等方面的评价,还要承担一些来自方方面面的不理解。

特别是落实"双减",推行课后服务后,教师工作时间无形中被拉长了,更增加了教师的工作压力和负担。职业角色与个人生活的冲突将会更加突出,这对教师的工作积极性、投入状态以及职业预期都有着很大的影响。

在这种情况下,老师们能否保持一个快乐的心情,就显得更为重要。

大家可以想象一下,面对如此长的工作时间和如此大的工作压力,如果老师们没有一个快乐的心情,没有一种乐观豁达的生活态度,就很难保持对工作的热情,很难拥有一种优雅的姿态去从事教育教学工作,教育中所蕴含的尊重、关爱、信任、理解,便不可能真正发生,也就很难有教育的真和教育的美好。

教育本身是幸福的事业,如果老师们用不快乐的心情去打发时光,去应付工作,随时体味到的可能只会是职业的清苦和倦怠,就不可能真正享受到职业的快乐与幸福。

久而久之,要么身体会垮掉,要么意志会崩溃,要么工作激情和责任心会丧失殆尽。甚至,难以有信心走到教育的终点。

当然，老师是人，不是神。人有喜怒哀乐，也有悲欢离合，更何况当下社会的浮躁、功利与焦虑，难免不会对老师产生影响；社会转型时期教育所出现的各种矛盾与问题，难免不会让老师面临挑战。老师要自始至终，随时随地都保持一种快乐的心情，很难！换作任何人，也都不可能做到。

但是，无论怎样，老师们要学会调节自己的情绪，调适自己的心态，调整自己的精神，凡事往好的方向想，朝着好的方面去努力，让自己尽可能拥有一种快乐的心情。

让自己尽可能拥有一种快乐的心情，这其实是对自己的善待。人，最重要的是善待自己。

人生苦短，人这一辈子，在这个世界上走上一趟，就那么三万多天。好心情是一天，坏心情还是一天，好心情要工作，坏心情仍然要工作。与其抱着一种不好的心情面对工作，不如调节自己的心情，用好的心情去工作。有一句话说得好："我们不能改变他人，但是可以改变自己；不能改变天气，但是可以改变心情。"

人生不可能事事如意，即使是不如意的事，想开了就是天堂，想不开就是地狱，我们为什么不让自己尽可能拥有一种快乐的心情呢？

让自己尽可能拥有一种快乐的心情，这其实是在对学生施加正面的影响。糟糕的心情，会像病毒一样传染给学生，而快乐的心情，会正向感染学生。

一个教师如果以快乐的心情、乐观向上的态度面对学生，那么他的学生也会阳光明媚，乐观向上；一个教师如果整天愁眉苦脸，学生则很难打起精神。

教师有快乐的心情，学生也会因教师的快乐而快乐。教师如果因自己的不快乐而使学生萎靡不振、无精打采，使学生带着苦闷，带着悲观，带着不良情绪步入社会，那就是我们的失职。

周国平在《周国平论教育》中有论述："一个学生倘若在学校的学习中从未体会过这些快乐，那么走出学校之后，他怎么可能向工作要求这些快乐呢？学校教育的使命是让学生学会快乐地学习，为将来快乐地工作打好基础。能够快乐地学习和工作，这是精神上优秀的征兆。"

让自己尽可能拥有一种快乐的心情，这其实是对职业的敬畏。教师这个职业虽然不能排在职业排行榜的最前面，但也有着它应有的美好：能够单纯地做事，能够创造性地做事，能够做自己喜欢的事，能够做实现自己人生意义和人生价值的事；能够从孩子们天真活泼、阳光灿烂、晶莹剔透的状态中涵养一颗永远的童心；能够从孩子们渴求知识的眼神，从与他们真诚的交往与对话中，获得教育的灵感、教育的诗意、教育的智慧、教育的力量；能够从孩子们的成长与进步，从他们的成熟与个性萌发中，体味到一种其他任何人都无法体味到的幸福与快乐。

教师拥有快乐的心情，面对自己的职业，便是敬业的前提，乐业的基础，精业的关键，也是对职业最起码的认同与接受，敬畏与尊重。很难想象，一个教师不能保持快乐的心情时，他会热爱他的职业，他会爱岗敬业，他会精业乐业。

要让教师尽可能拥有一种快乐的心情，除了教师要善于调节自己外，一方面，全社会要形成尊师敬教的氛围，让尊重教师、理解教师成为一种良好的社会风尚；另一方面要尽量减少老师非教学工作时间，让老师做纯粹的教育。

作为学校，更应给老师们创设一个温馨的工作环境，营建一个浓郁芬芳的校园文化，构建和谐友好的人际关系。同时，坚持以人为本，人文管理，善待教师，关心教师，尽可能为教师排困解难，消除他们的后顾之忧，让老师们生活、工作在这个大家庭时，能够放松身心，感受快乐，享受幸福。

用快乐的心情工作，呵护好每个孩子，守护好每个日子，陪着孩子过好每一个教育日子，总有一天，你会由衷地感到教育真好，做老师真好！

新年与吴小霞老师微信对话录

吴小霞，重庆市兼善中学教师，全国知名班主任，担任班主任20多年，其班主任故事和班级创意活动多次被媒体报道。2021年她的大作《班主任金点子：38个微创意让你轻松带班》和我的书《教育是美好的修行》同在长江文艺出版社出版，她的著作被中国教育新闻网评为2021年度"影响教师的100本书"，我的书被中国教育报评为2021年度"教师喜爱的100本书"。

前天下午收到吴小霞老师的微信：汤老师新年快乐！

我即回复：吴老师新年快乐，祝贺大作入选"影响教师的100本书"！

吴：我这个算什么。汤老师是本本精品，很多本很多年都入选了啊。我就是来请教您的！

于是在微信中我们便开启了交流。

吴：您的作品怎么写得那么精致？

汤：不敢说写得精致，只能说我一直坚持怎样想，就怎样写，做了什么，就写什么。我手写我心，我心言我情。因而很多文字，我认为来自一线，来自实践，来自内心的声音，不是写出来的，而是做出来的。

我羡慕吴老师有自己的教室和孩子，每天面对一个个鲜活的教育对象，一个个天真活泼可爱的孩子，和他们一起放飞教育梦想，随时都能生成一些真实的教育故事，都能迸发出一个个写作灵感和话题。不像我，过去一直从事区域教育管理，现在为教育而行走，没有自己的教室，也难得遇见孩子，少了师生在一起那种其乐融融的教育氛围和现场，当然也少了写作的线索和素材。

吴：但是您的写作却坚持得那么好，我很佩服，而且还有源源不断的写作话题，这些话题很契合校长和老师们的需要。

汤：做任何事情都在于坚持。这些年来我一直没间断过写作，写作已经成为一种习惯了，并且成了一种生活方式和生命状态。每天不写点文字，感觉这一天总是空落落的。

我作为一个教育管理者，或者说一个教育工作者，只能从宏观的角度，比如教育的发展，教育的热点，学校的管理，校园文化的建设，教师的专业成长，教师的职业幸福等方面，去做一些思考，去写点文字。

吴：可是我却苦恼于每天在繁琐的日常事务中，没有那么多时间记录。

汤：时间就像海绵里的水一样，只要去挤，一定有。当下老师除了干本职工作外，还要承担很多非教学任务，甚至要用很多时间和精力去应对繁琐的日常事务。作为老师，千万不要被形形色色的繁琐事务所羁绊，既要善于跳出繁琐，也要善于从繁琐的事务中去发现、捕捉和挖掘写作的素材与题材，更要善于忙里偷闲，统筹安排，挤时间写作，写教育叙事、教育反思、教育日志等。

吴：其实汤老师应该更忙，您过去做管理那么忙，您怎么就那么静得下心来？

汤：我过去做管理，尽管工作压力大，事务多，但是我只关注异常，不关注正常；只关注例外，不关注例行；只做自己必须做的事情，不做别人能做的事。作为管理者也要懂得放权，要善于授权。这样就可以让自己不陷入事务中，能给自己腾出空间，留下很多时间，让自己有充足的时间做重要的事情，有时间做自己喜欢做的事情，更让自己有一个心灵的地下室和瓦尔登湖，去阅读、思考和写作。

吴：您做领导，应该有很多事务工作吧？如果日常工作和写作时间冲突，怎么处理呢？

汤：当然有一些事务工作，这是回避不了的。在处理日常工作和写作时间的冲突上，一方面要学会时间管理。四象限时间管理包括不重要且不紧急、重要且紧急、不重要但紧急以及重要但不紧急这四大类。我们应该将精力跟时间放在那些重要且紧急和重要但不紧急的事情上。另一方面就是善于利用零星和业余时间。人与人的差距往往就在零星和业余时间的利用上。

我这些年的阅读和写作，差不多都是对零星时间和业余时间的利用。过去从事区域教育管理，中午我从不睡午觉，晚上夜深人静，他人可能还在聊天、喝茶、玩手机、看电视，而这恰恰是我阅读与写作可以利用的最好时光。

吴：但是时间就那么点，有些事不得不做啊！

汤：自己的工作要干好，杂七杂八的事务也有可能一时半会脱不了身，还不得不干。我的一个观点是把工作时间留给工作，工作之余的时间留给自己。把课上好，把孩子教好，这是老师的天职，应该投入全身心，不能有丝毫马虎、苟且和懈怠，但对于有些无关紧要的繁杂的事情，能够交差就行，也不必投入过多的时间。

吴：但是总会有繁琐的事把重要的事挤掉啊！

汤：一定要头脑清醒，有定力。对重要的事，要有判断，有拿捏，必须放在首位，必须竭尽全力，必须追求完美的效果。千万不能本末倒置，被繁琐的事缠身，让重要的事情被繁琐的事所挤掉。

我了解，现在干扰老师的一大堆繁琐的事，差不多都是与教育教学、与孩子成长、与自己专业成长没有多少关系的事，那都是可做可不做的事。但是毕竟胳膊扭不过大腿，老师们不得不做呀，不然要通报、要检讨，而且考核还过不了关。还是我刚才说的观点，那就应付着做吧，把心力、体力和精力用在美好事物上，用在教书育人的神圣使命上，不要消耗在那些无谓的东西上。

人生在于把握，时间在于管理，做事在于态度，重要的事永远不可替代。

吴：您是领导，我问您，要是您安排给下属的事，您愿意他应付着做吗？

汤：呵呵，这个问题提得好，尖锐！任何领导都不希望他的下属应付着做他安排的事，我当然更不例外。

但是我安排的事，如果我估计下属会应付着去做，这样的事，我绝对不会安排。

我从事区域教育管理这么多年，很洒脱，我一直只做重要的事，也一直引导校长和老师们做重要的事。在那样的一段岁月，我应该是抗住了各种干扰，让校长和老师们能够有一个宁静的环境，能够宁静地做他们本分的事情，做他们应该做的事情。

吴：不简单，真心佩服，向汤老师致敬！

汤：不是不简单，我也是做了我应该做的，做了一个有良知、有责任的教育人应该做的。现在想起来，确实不容易，回过头来看，问心无愧。

吴：汤老师，我现在看您在全国各地行走，不停地奔波，也在为老师鼓与呼，不辛苦吗？

汤：做教育管理这么多年，中教育之"毒"太深了，教育成了融入生命中的事情，也是我喜欢的事情，这或许就是一种情怀吧！

一个人做他已经融入生命中的事情，喜欢的事情，又怎么会觉得累呢？

吴：在内心守住自己的天地，这才是真正做教育想要的生活，为汤老师高兴。

汤：一个人必须守住自己的内心，听从内心的召唤，千万不要被世俗的东西乱了方寸。当下很多人都不是为自己而活，而是为功利而活，为名利而活，为他人的脸色而活。

吴：汤老师，我也是一个热爱教育的人，也在追求一种宁静而优雅的生活状态。

汤：这很好，宁静而优雅的生活状态，是一种良好的自我感觉，一种幸福的样子。这不仅是为了自己，也是为了孩子，为了教育。

吴：汤老师，好多困惑，因为您一说，就犹如醍醐灌顶，这就是一种人生智慧。以后我有什么困惑，还要向您请教，您要不厌其烦哟！

汤：呵呵，好，相互交流，共同探讨，这也是一种学习与提升。

吴：汤老师，我在重庆北碚工作，要是到重庆来，记得给我电话，我请您吃火锅。

汤：重庆、四川本是一家，重庆、阆中也离得挺近。有机会到重庆一定前去拜访，也欢迎找时间到阆中看古城。

吴：好的，期待，谢谢！

汤：也期待……

将与吴小霞老师这番对话整理出来，既是对新的一年这种美好相遇的一种记录，又是对彼此互勉共勉的一种提醒和珍藏。当然，如果能够给更多的人带去一点启发和思考，那就更值得高兴和欣慰了！

第三辑 「双减」下的课堂

"双减"让教育回归

2021年的教育领域不同寻常，国家出台的"双减"政策，给教育带来前所未有的大变局。这个变局主要体现在教育的回归上。

首先，让教育回归公平。教育公平作为社会现实与教育理想的统一，既是最大的公平，也是社会公平的基础，更是人生公平的起点。

之前疯狂的补习，高昂的补课费，培训机构竞相开出天价，争抢优质教师资源，让原本属于普惠的教育，变成了个别人的福利、少数人的特权。

义务教育阶段教育的不公，已经挑战了社会公平的底线，诱发了诸多社会矛盾，引起了全社会的广泛关注。

"双减"政策的出台，取缔学科补习班，能够让更多的优秀人才流入公共学校，更多的优秀教师的人心稳定在公共学校，更多的优质教育资源回归公共学校。促进优质学校成长，扩大优质教育资源，从而确保教育政策的全覆盖；确保不同地区、不同收入群体，乃至城乡之间教育的基本权益的全享受；确保早在两千五百多年前的孔圣人就提出的有教无类的公平教育思想的全实现，以此来奠定教育公平的基础。

其次，让教育回归公益。义务教育阶段中小学的最大特点是"公益性"。而近年来，社会教育机构通过铺天盖地的广告，对全社会进行"狂轰滥炸"式的营销，进行各种贩卖焦虑式的过度宣传："不要让孩子输在起跑线""您来，我们培养您的孩子；您不来，我们培养您的竞争对手"……诱导学生和家庭深陷其中，展开"烧钱"大战。大量资本涌入培训行业，教育在资本的裹挟下，像一辆轰足了油门却没有刹车的车辆，在崎岖狭窄的公路上狂奔。

当教育被资本操纵，公益的教育变味为赚钱的生意，良心的事业被异化成暴利的产业，教育因此失去人民立场，也违背了教育公益属性。

"双减"政策，斩断伸向孩子的黑手和各种牵涉教育的利益链条，就是要让义务教育回归公益，让教育充分体现其公益属性。

再次，让教育回归主体。教育应该像春天节令一到，老农就会播种庄稼一样，让孩子们到了上学时间，就应该理所当然背着书包去校园。

然而曾经的教育培训机构，已经成为牵扯并分割教育的最大力量，似乎在校园外再创了一个教育天空，再造了一个学校教育，让孩子出教室到补习室，出校门到培训机构门。

遍布全国各地且已成势不可挡之势的校外培训，所带来的全民攀比与焦虑，让成千上万的家长都纷纷使出"洪荒之力"，带着孩子一起奔波于校外培训。

把校外培训混同于教育，把培训机构等同于学校，甚至在有的地方校外培训已经凌驾于学校教育之上，这的确成了一件不可思议甚至是十分诡谲的事。

一旦孩子一味地依靠校外培训机构接受教育，就容易把学习变成片面追求考试成绩，将差不多的时间和精力花在解题技巧和训练上。这将严重扰乱甚至替代学校的教育主体作用，扭曲学校教育的本体价值。

而且我们还必须清醒的是，不论家长多么追捧，都改变不了校外培训是一种纯粹的商业行为甚至是一种逐利行为的事实。

这次"双减"，把利剑直指校外学科培训机构，重拳出击，综合施治，也就是要让学生学习回归校园，让义务教育的中心回归学校，让学校成为教育的主阵地。

同时，让教育回归秩序。这些年来，无序招生、教育"掐尖"，以及教育的剧场效应，严重地干扰了教育秩序，破坏了教育生态，也影响了教育发展。

特别是混乱教育秩序下所诞生的怪胎——"一枝独秀""一花独放"的超级中学，都是靠"掐尖"和"虹吸"做大做强；都是靠扰乱教育秩序，以牺牲周边教育生态作为沉重的代价；都是靠以分数的追逐，制造一个个考试的"神话"；都是靠反人性的教育和对教育规律的破坏，制造教育的虚假繁荣；都是靠资本的攫取，以无数家庭负担的无限增加，为超级中学这台巨无霸战车在应试教育的疆场上纵横驰骋、血腥拼杀，提供强大的动力。

实施"双减"，有助于纠偏违规招生；有助于依法依规，治教治校；有助于纠正恶性竞争；有助于恢复和重建良好教育生态和秩序，让教育走出内卷下的"剧场效应"与"囚徒困境"。

更为重要的是，让教育回归本位。之前学校很多数量过多、质量不高的作业，占用了学生正常的休息、睡眠、放松、玩耍时间。一到周末和节假日，孩子们忙着从语文、数学到英语，再到舞蹈、画画、弹钢琴等特长培训的无缝衔接，大人们则忙着上气不接下气地把孩子及时送到各个补习场以便完成按分钟来规划的时刻表。一些校外培训机构违背教育规律和学生身心成长规律，以"应试"为导向的"填鸭式""超前式""刷题式"教育，既与"坚持立德树人"的教育方针相背离，又让孩子们失去了活泼的天性、丰富的想象、创新的品质、快乐的童年。

教育的本质是立德树人，是对于人的培养，不是应试竞争的"跑马场"，不是制造一台台只会考试的机器，不是培养一个个"小镇做题家"。

教育的终极目标，是孩子的幸福，是孩子当下学习生活的幸福，是孩子未来人生的幸福。

"双减"落地之后，孩子的作业和课外负担减轻了，学生有更多时间可以进行阅读，进行体育锻炼，进行劳动实践，进行自主管理。教育不再视分数为学习的唯一目的，也不再把分数作为教育的全部；教育在育分的同时，更注重育人，在让孩子成才的同时，更力求孩子成人。

通过"双减"，为内卷旋涡中的孩子松绑、减负，将从根本上呵护孩子天性，把童年还给孩子，把快乐幸福留给孩子，从而守住孩子身心健康的底线，守住教育本真、本位的底线，以实现教育本真、本位的回归。

"双减"政策正是国家站在时代的高度，顺应社会发展的进程和人才培养的方向，及时对当前教育所存在问题的纠偏。让教育逐渐回归公平，回归公益，回归主体，回归本位，最终为教育寻回初心，让教育回到温馨而温暖的家园！

用文化赋能"双减"

什么是文化？著名作家梁晓声曾经对文化有四句话的表达，他说："文化是植根于内心的修养，无须提醒的自觉，以约束为前提的自由，为别人着想的善良。"

学校是传播文化的地方，学校不能没有文化。一个人如果没有文化，那是很可怕的事；一所学校如果没有文化，那是更可怕的事。

一个人没有文化，可能只是带来一个人的肤浅与顽固、粗鲁与蛮横，而一所学校如果没有文化，则会造成成百上千人的愚钝与无知、笨拙与昏庸。

校园是师生学习和工作的空间，反映和体现学校文化的校园文化，是在学校这样的一个特定环境中，通过长期积淀下来的较为稳定的精神元素与密码。

校园文化，具有巨大的能量，它是一种资源，一种奇特而无价的教育资源；一种养成，一种对师生良好习惯的校正与养成；一种方式，一种学校成员共同坚守的信念和思维方式；一种管理，一种最有效、最高境界的管理；一种传承，一种对文化的发展、创造、书写与传承。

"双减"下，学校成为教育的主阵地，校园也成了师生诠释教育、演绎教育生活的重要场所。

营造浓郁的校园文化，为校园添彩，为教育赋能，助力"双减"落地，应该成为新时期学校发展的一个重要抓手，成为让师生过上一种快乐而幸福的教育生活的一个突破口。

校园文化在哪里？我以为，在校园里的一草一木、一砖一瓦、一墙一壁、一楼一道中；在学校的办学思想、理念架构、价值取向与追求中；在师生的一言一行、一颦一笑、一举手一投足中；在教育故事的整理与讲述、教育人文的关切与闪耀、教育人性的弥漫与荡漾、教育生命的叙事与成长中。

做校园文化，是形式吗？很多人在关注这个问题，也有很多人对做校园文化颇有微词，他们认为做校园文化是形式，甚至是形式主义。

有这种认识的人，往往都只是从外在形式上去思考。

这就好比挖一个池子，人们关注的是方形好，是椭圆形好，还是圆形好，为此争论不休，却忽略了池之所以为池的要素——水。

也正如贝纹，人们欣赏的是它的好看，却忽视了贝纹存在的本质要义和终极目标，是为贝壳里的生命提供一个好的环境和氛围。

我们创设校园文化，当然要通过各种文化的载体去体现和表达。学校所呈现的优美的空间、优雅的环境，是对生活在校园里的师生生命的一种熏陶、浸润与感染。

所以，这些年来我始终坚定地认为，做校园文化绝不是形式。有一句话说得好，你认为它是什么，它就会是什么。

如果做校园文化，你在骨子里就认为这是形式，那你就会以一种应付的态度，以一种流于形式的态度去对待，做出来的校园文化，当然就是一种形式了。

但如果你把做校园文化看作一种拓展学校内涵、成长师生精神生命、提升教育质量的切入点，做出来的校园文化就会独具魅力和拥有强大的生命力。

校园文化建设怎样做？校园文化建设，是师生身心投入、付出心血、穷尽智慧、积淀情感的过程；是相互认知、构建良好师生关系的过程；是潜移默化、让师生的情操与灵魂得到皈依与洗礼的过程；是让博大精深的文化得以弘扬与传承，让校园变得美丽与温馨的过程；是让教育真实而深刻地发生，让我们的思想和行为得以改变，能力和素养得以提升的过程。

做校园文化绝非大兴土木，也不是要搞远离师生的"高大上"，更不是为了一味追求大气、洋气的匠人文化，而是要着眼于学校的文化积淀，立足于日常的教书育人，给师生"留白"，引导师生广泛参与，靠师生自己动手和动脑，用自己的创意和智慧，用自己的心血和付出，用自己的作品和教与学的成果装点校园，多形式展示学生的才能、教师的风采和学校的办学理想。

校园文化如若离开了老师、学生的参与和合作，如若没有留下他们的身影和痕迹，如若没有烙上他们的印记和符号，如若少了他们的付出和努力，在我看来是徒有其形式，很难与教育联系在一起，也会像失去灵魂的躯壳一样，只能成为活着的僵尸。

当然，做校园文化也不能急于求成，不能为了文化而文化。它需要耐心地挖掘，需要静心地感悟，需要用心地梳理，需要岁月的沉淀，需要长时间的积累，需要慢功夫的熬制。

校园文化建设，能不能留下浓墨重彩的一笔，能不能助推"双减"，能不能达成以文化人的目的，我以为，关键在于校长。有什么样的校长，就有什么样的校园文化。有一个好的校长，就会有一个好的校园文化。

校长眼界开阔，校园文化就会登高望远；校长品位纯正，校园文化就会纯朴地道；校长用心细心，校园文化就会独具匠心；校长学养深厚，校园文化就会氛围浓厚；校长朝气蓬勃，校园文化就会焕发生气；校长富有魅力，校园文化就会充满活力。

因此，我们应具有文化意识，重视校园文化，并带着一种责任与使命，一种良知与担当，切切实实做好校园文化的建设与管理。

教育，从文化做起。教育生态，因文化而改变。减负提质，因文化而助力赋能！

劳动教育助力"双减"

教育即生活，教育是为了生活，是为了适应生活，是为了更好地生活。

然而当下教育最大的问题是为追求分数，让教育脱离生活，让教育远离了生活。

一位初三班主任给我讲了一件真实的事。中考前他接到班上成绩排位一直靠前的一个学生妈妈的电话，孩子妈妈告诉他，孩子头天晚上赶作业，睡得迟，早上起床后来不及吃早饭，便匆匆去了学校。她给孩子煮了两个鸡蛋，放在门卫室，请他给孩子取一下，而且特别叮嘱，孩子不会剥鸡蛋，拜托他给孩子剥一下。

一个成绩一直靠前的初三学生，竟连鸡蛋都不会剥，这着实让人觉得不可思议。

我曾看到过一则消息，上海某著名大学的一位48岁博士生，洗衣、做饭、折叠被子等不能自理，他80多岁的母亲只好从遥远的家乡随他到学校，专门陪他读博，给他打理日常生活。

为此我写过一篇小文，我说，80多岁的母亲现在可以陪他，但是他的母亲还能够陪他多长时间，能够陪完他整个人生吗？就即或他的母亲能够陪伴照顾他一生，这样的博士生，连最基本的生活能力都没有，还能够指望他对家庭有多大的付出，对社会有多大的担当，对国家有多大的贡献吗？

立德树人，五育并举。"德、智、体、美、劳"，作为有助于涵德、启智、健体、益美的"劳"，即劳动教育，却因为教育的浮躁、功利，家长的溺爱、短视，让其弱化、淡化、边缘化，甚至劳动教育完全被智育所取代。到头来，这种畸形的教育，只能培养出一个个"巨婴"和"精致的利己主义者"，培养出一个个五谷不分、四体不勤，衣来伸手、饭来张口的"书呆子"。

反观世界教育，很多国家都十分重视劳动教育，把劳动教育作为必修课程纳入了学校教育的整个体系，还把劳动教育融入了平常的教育教学和学生的日常生活之中。

十年前我去加拿大诺坎姆考察教育，在那里的每一所学校，都有学校自己的实验园地，从一年级开始就让学生与泥土打交道，学习作物栽植，培土施肥，浇水采摘。不仅如此，那里的每间教室，既是学习室，又是劳动车间。教室的正前方随意地摆放着一些桌凳，孩子们学习的时候，或坐在自己的座位上，或三五个合围在一起，自由随意。教室后面更大的空间，则是缝纫机、烘焙箱、电烤炉、小车床等器具，每天下午孩子们就在这里学习衣服缝补、烹饪、手工制作、实训操作。孩子们在掌握文化知识的同时，相应地也学会了很多劳动技能，培养了动手的能力。

可喜的是，教育部日前发布了《义务教育劳动课程标准（2022年版）》，我通过学习，归纳其亮点有三：

一是涵盖内容更加全面。劳动课程内容结构中，除了清洁整理、烹饪、使用电器等日常生活劳动，还包括生产劳动和服务型劳动两个可选项。

二是有更加系统的培养方式。以烹饪为例，任务要求学生们从低年级到高年级，从择菜、洗菜，到学会使用简单的烹饪器具，学习用蒸、煮方法加工食材，再到能独立制作午餐或晚餐中的3~4道菜。

三是规定劳动课程平均每周不少于1课时。今秋开学，劳动课将正式成为中小学的一门独立课程，"劳动课"已开启正式回归模式。

劳动教育不再羞羞答答，劳动教育也不再是说起来重要，忙起来次要，为了分数可以不要。这既体现了国家对劳动教育的高度重视，也体现了在"双减"背景下，教育要"减负提质"，加强劳动教育，是行之有效的途径；更体现了要破解"培养什么样的人，怎样培养人，为谁培养人"这一时代的教育命题。推进劳动教育，促使孩子们将学科知识运用于生活中，从而打通书本与生活、书本与社会、书本与未来，真正达到学以致用，让教育培养出孩子一生受益的关键素养和幸福能力，这是重要的抓手和根本性的举措。

当然，劳动教育要真正落地生根，从国家层面强力推进固然重要，但更关键的是，各级教育部门和每一个教育人，必须以应有的使命和担当，切实转变教育观念，坚持全人发展理念，健全综合评价机制，以正确的育人思想与方式来推进劳动教育。

在我们全力推进劳动教育的同时，劳动教育更会助力于"双减"，助力于每一个孩子健康地成长。

我对"双减"和"双增"的看法

在一次应邀主持光明日报社《教育家》杂志举办的以"'双减'之后'双增'如何落地"为主题的线上圆桌论坛上,嘉宾们围绕何为"双增","双增"如何有效落地,如何确保"双增"稳步推进,"双减"与"双增"是不是矛盾,怎样用"双减"促"双增"等问题,做了精彩的分享。

我在最后点评中,以一组"如果……就是……"句式,谈了我对"双减"与"双增"的认知与理解。

如果说"双减"是时间腾出来,"双增"就是把时间利用起来。

如果说"双减"是作业少下来,"双增"就是把能力提起来。

如果说"双减"是把补习砍下来,"双增"就是把兴趣激起来。

如果说"双减"是让孩子学得轻松一点,"双增"就是让孩子学得更多、更快、更好一点。

如果说"双减"是让孩子压力小一些,"双增"就是让孩子动力大一些。

如果说"双减"是减负担,"双增"就是增责任,增质量,增成长。

如果说"双减"是返璞归真,"双增"就是溯本追源。

如果说"双减"是给学校压责,"双增"就是让家庭担责。

如果说"双减"是检验学校办学的效果,"双增"就是考验家长的教育智慧。

如果说"双减"是让教育回到学校,"双增"就是让教育回到家校共育。

如果说"双减"是让教育回归本质,"双增"就是让教育回归常识。

如果说"双减"是让教育回到朴素,"双增"就是让教育回到生活。

如果说"双减"是让教育有一个安静的状态,"双增"就是让教育有一个生动的局面。

如果说"双减"是立足当下办出什么样的学校,"双增"就是面向未来培养什么样的人。

如果说"双减"是给孩子一个快乐的童年,"双增"就是给孩子一个幸福的人生。

我以为,"双减"是手段,"双增"便是目的;"双减"是前因,"双增"便是后果;"双减"是基础,"双增"便是关键。

"双减"有多么重要,"双增"就有多么紧迫;"双减"达到什么程度,"双增"就应达到什么样的高度。

"双减"与"双增",如同绿叶红花,互为映衬,就像日月高悬,互为增辉。没有"双减",就没有"双增"。

我们应该用"双减"促"双增",以"双增"的成效促进"双减",夯实"双减"。只有如此,"减负提质"的目标才能达成,教育美好的愿景才可能指日可待!

对于"双增",我以为,教育部提出的一要增加学生参加户外活动、体育锻炼、艺术活动、劳动活动的时间及机会;二是接受体育和美育方面的课外培训时间和机会,它是一个纲领,一个总要求。在这个"双增"的引领下,应该分层面构建多维的"双增"新格局。

社会层面"双增",增加对老师的理解、尊重和善待,给老师以应有的尊严,还老师一个宁静的教育时空;增加对教育规律的认知和敬畏,树立正确的人才观,捍卫教育的基本规律,不折腾教育,不捆绑教育。

社区层面"双增",增加学生玩耍的场地空间;增加图书馆、体育馆、博物馆、红色基地等社区场地资源的免费开放机会。

学校层面"双增",增加学生艺术、体育、阅读、生活实践等方面的课程内容及活动时间,让学生从教室走向校园,从校园走向社会;增加老师的幸福感,老师是发展教育的决定性力量,没有老师的幸福,就没有孩子的幸福,就没有教育生活的幸福,"双减"也难以真正落地。我曾经说过,没有老师的幸福,不说"双减",就是"百减""千减",都有可能难以见效。

教师层面"双增",增加自身专业成长的自觉性;增加教书育人的责任感和使命感。教师在这两个方面"增加"了,就自然而然地有了作业的个性化设计、授课内容的精心准备、课堂 40 分钟质量的提升、课后服务的全力以赴。

家庭方面"双增",增加对学校教育的配合度。有好的家庭教育,才会有好的学校教育,如果说家庭教育是一条河的上游,上游水质污染浑浊了,下游学校教育的水质也不可能好起来。只有家庭教育配合学校教育,形成家校共育,才能构建一条清澈明朗的河流,教育的航船才能抵达未来的彼岸。我倒不主张所有孩子都去接受体育和美育方面的课外培训,因为这既会把孩子都赶向培训大军,又会增加家庭支出的负担,而且好多家庭没有这个条件。

陪伴是最高效的教育,也是最好的家庭教育,更是孩子最好的成长教育。优秀的孩子都是"陪"出来的,幸福的孩子都是"伴"出来的。陪孩子运动,陪孩子阅读,陪孩子游戏,陪孩子游历,陪孩子到大自然中去,以增加亲子之间的体验度、感受度与亲情度。

特别是《家庭教育促进法》的出台,我们更应用更高质量的陪伴与孩子一起享受成长、享受生命的幸福接续。亲情,永远不可等待。

学生方面"双增",增强自主学习,自主管理的意识;增加自我成长、自我提升的兴趣。学生都生性贪玩、缺乏自律,作为学校和家庭,老师和家长,就应该通过示范和激励,督促和引导,让孩子由不自觉到自觉,由不自主到自主,由不自我到自我,不断提升孩子的自我管理、自主学习、自我成长的能力。

多维联动,融合共生,用宏观"双增"带动多维"双增",用多维"双增"促"双减"落实,就一定能够带来教育生态的真正改变!

教育在"双减"下,也不是无所不能

很多父母,都希望把孩子教成他们所希望、所期盼的那样,而在当下这种教育语境下,所希望、所期盼的便是人人考高分,个个上名校。

"双减"下,学校成为教育的主阵地,教育担当起了培养孩子的大任。"减负提质",家长们对孩子成才的要求与愿望更为强烈,孩子在眼下能够考一个高分,在几年后都能够考上一所好大学,便成了众多家长浓浓的心念与期盼。

愿望很美好,期盼也甜蜜,但现实却总归是现实。

每个孩子都是一个独特的生命个体,都有着不同的基因密码,都存在着明显的个体差异。有的孩子能够轻而易举获得高分,而有的孩子即使是让他通宵达旦地学,他都很难考到高分。

但这并不意味着这些孩子在其他方面就没有特长、不具备天赋。有可能,他是未来的体坛健将,或者是将来绘画的高手,或者是今后唱歌的奇才,抑或是以后的企业精英。

一个班四五十个孩子,不管老师怎么用心用情用智地教,不管孩子怎样拼死拼活地学,始终有第一名,也始终有倒数几名。永远不可能人人考高分,今后个个上名校。

如果不顾实际情况,不因材施教,不因人而异,硬要眉毛胡子一把抓,硬要逼着每个孩子都达成预设的目标,比如一定要让他们考到某一个分数,一定要让他们考上985、211之类的学校,这只能把教育异化成只有分数,然后用分数这把唯一的尺子去丈量,最终只会把相当部分孩子丈量成差生,让他们丧失信心,抬不起头。同时还会把这些孩子所拥有的独特的个性天赋、兴趣爱好给全部丈量掉，让他们"泯然众人矣"。从某种意义上来说，这种反常识的教育，既是对教育本质的偏离，又是对这些孩子极大的伤害。

教育，我们可以努力，可以尽责，可以担当，可以全力以赴，但是绝不能放大教育的作用，我们不能没有教育，但教育当然也不是万能。

"没有教不好的学生，只有不会教的老师"，人们常常用这句话捆绑教师和教育，也在捆绑中无限地放大了教师和教育的作用。

我以为，能不能教好学生，那更看"好"是什么标准。如果是以分数论英雄，不可能每个学生都考高分，肯定有学生教不好；但如果坚持标准多元化，不以一个标准评价学生，只要看到学生的进步和成长就行，那的确没有教不好的学生。

不要以为教育是万能的，是无所不能的，教育的作用其实是很有限的，也不要以为一切都是教育教出来的。

各行各业发明创造的大师，也是教育教出来的，但为什么不是所有人都能成为发明家呢？

其实，教育说到底，也很简单。

教育就是一个发现的过程。发现每一个孩子的潜质、潜能和天赋，让他们的潜质得到显现、潜能得到挖掘、天赋得以拓展；发现每一个孩子的特点、优点和闪光点，让他们熠熠生辉、光彩夺目，美好的更加美好；发现每一个孩子的弱点、缺点和不足，并尽可能让他们意识到，从而不断地克服和改正！

教育就是一个唤醒的过程。德国著名教育学家斯普朗格曾说过："教育的最终目的不是传授已有的东西，而是要把人的创造力量诱导出来，将生命感、价值感唤醒。"马克思也说："教育绝非单纯的文化传递，教育之为教育，正是在于它是一种人格心灵的唤醒。"唤醒孩子沉睡已久的潜能，使孩子天性中最优美、最灵性的东西发挥出来；唤醒孩子强烈的自尊、自信心，使孩子能够抬起头来，阳光、自信地面对每一天；唤醒孩子自强、自律、自省的品质，使孩子在学会自我管理中增强适应能力和自我发展的动因；唤醒孩子自主参与、协作团结的精神，使孩子的生命呈现出璀璨斑斓的个性色彩；唤醒孩子做人的良心与良知，使孩子道德的善根自由自在地生长。

教育是一个等待的过程。"十年树木，百年树人"。植物的生长有其自然规律，生根、发芽、开花、结果，这是一个漫长的过程，需耐心等待。每一个孩子摆脱幼稚，告别无知，健康地成长，都需要一个过程，他们更需要我们怀有一颗爱心，耐心等待。

慢养孩子是黑幼龙的家教心得，他说："养孩子就像种花，要耐心等待花开。"意大利教育家罗里斯·马拉古兹也说："我们非常留意和尊重儿童的时间，我们真的需要放慢脚步，给予儿童所需要的时间，我们需要等待孩子。"肖川说："学会等待，意味着教师能够用发展的眼光看待学生，意味着能够用从容的心态对待自己所做的工作；不急于求成，不心浮气躁，不指望一次活动、一次谈话，就能收到立竿见影的效果。"

因而，在教育教学活动中，要慢一点，慢一点，再慢一点。多给孩子一点思考的时间，多给孩子一个交流的平台，多给孩子一次改错的机会，多给孩子一份成功的希望，多给孩子一丝成长的自信和勇气。让他们充分地思考，让他们自由地体验，让他们尽情地玩耍，让他们幸福地想象，或许，教育将更加精彩，教育的奇迹将会在等待中发生。

然而，传统的教育认识和理念，往往夸大了教育的作用，认为教育是无所不能的，一切教育目标都可以通过真正的教育技巧来实现。这恰恰也是当前素质教育与应试教育冲突和较量的内核之所在。

印度哲学家奥修说："当鞋合脚时，脚就被忘记了。"真正的教育是一种潜教育，最好的教育方式是无为而无所不为，不教而教。

因此，在"双减"下，我们对教育更不能太苛求，也不能期许太高，应该多一种平和，多一些理解，多一点宽容，多一份善待！

"双减"路在何方？

2021年的中国教育格局发生了巨大的变化，中小学生上学时间延迟了，睡眠时间充足了，作业负担减轻了，课后服务的花样增加了；孩子们参加校外培训的负担也大大减少了，腾出来的时间可以找伙伴玩了，可以参加感兴趣的活动了，运动、阅读的空间也有了，在田间地头奔跑，在大自然中嬉戏，在公园里跳绳、滚铁环、玩游戏、捉迷藏的孩子们身影增加了；家庭用于校外培训的支出大减了，家长陪伴孩子的时间增多了，父子、母子关系和谐了；学校回到主阵地，家校共育"一家亲"，教育回归到应有的轨道上，也不再那么卷了……

这一系列变化的背后，是《关于进一步减轻义务教育阶段学生作业负担和校外培训负担的意见》的出台，并在强有力的政策推动下，所带来的全新变化和重大变革。

我们在为成绩感到庆幸和自豪的同时，也要看到，旧的焦虑还没有全部消除，"双减"下新的焦虑又应运而生；有中考、高考在，教育的社会选拔功能还在，社会阶层间、城乡间、区域间的发展差异、鸿沟还在，培训的刚性需求就尚在，一些或明或暗的培训机构改头换面，打着擦边球，依然若隐若现；学校尽管有了课后服务，不少仍然停留于看住孩子，守住孩子做作业，不能满足学生个性化、多元化的需求；老师工作时间的无限延长，压力增加，长时间超负荷的运转，已经既影响到老师的身心健康，又波及授课质量以及老师对学生、对职业的态度。

行百步半九十。要真正构建"双减"背景下的教育发展新格局，开创教育发展的风和日丽新局面，净化教育的青山绿水新生态，还有很长的路需要走。

第一，办好每一所学校，让学校教育真正成为教育的主阵地。过去，补习机构火爆疯狂，家长和社会异常焦虑，差不多都是由择校引起，只要择校存在，家长和社会的焦虑就解决不了。而这与区域内教育有失均衡不无关系。

只有办好每一所学校，孩子们接受教育才会有教无类，机会公平；均衡发展，条件公平；一视同仁，过程公平；因材施教，结果公平。

只有办好每一所学校，实现教育均衡发展，把课上好，把每个学生教好，做到"应教尽教""学足学好"，才能从根本上破解学生负担过重的难题。

要办好每一所学校，就必须坚持雪中送炭，在薄弱学校上加大底部攻坚；就必须重视乡村教育，办好农村小规模学校，破局城乡教育一体化；就必须坚持文化立校，支持各级各类学校发展独具特色的校园文化，以文化实现区域学校的"升级迭代"；就必须更新办学样态，大力推行委托管理、学区化办学、集团化发展、学校联盟和城乡学校共同体等多样态办学模式；就必须改进招生政策，严禁选拔招生和其他特殊招生，小学推行就近划片入学，初升高坚持优质高中名额到校，为中考降温，为高强度竞争和过度焦虑降温。

第二，赋能教师，提升教师的责任感和幸福感。"双减"让教师工作时间延长，负担与压力增大，这都意味着教师将投入得更多，付出得更大，使得教师的职业倦怠问题日趋严重。然而教师的责任感与幸福感，是优化课堂质量、提高作业水平的前提，更是"减负提质"，全面落实"双减"的关键。因此应尽可能推行弹性上班制，给老师留有弹性的时间和充分的空间，减少教师全天候的工作与必须要面对的现实生活的冲突；尽可能理解教师，维护教师合法权益，让教师能够有尊严地教书育人；尽可能尊重教师，关爱教师，提高教师的待遇，让教师能够体面地生活；尽可能增加教师编制，让学校教师相对充足，从根本上解决教师既上课，又课后服务，还要随时照管学生的压力。

第三，家校共育，构建学校发展新常态。"双减"不仅给学校提出了更高要求，也给家长的育儿观念提出了新的挑战。一方面，《家庭教育促进法》把家庭教育放到了法律高度，家庭教育不再是可有可无的事情，需要家长们在法律的框架下主动承担起家庭教育的主体责任。唯有积极承担育儿主体责任，提供高质量的亲子陪伴——陪伴阅读，陪伴运动，陪伴劳动，陪伴走进大自然，陪伴参加社会实践，家长与孩子在精神上才能共同成长。另一方面，家庭教育和学校教育应形成合力，家长和老师应经常交流和沟通，家长应对学校和老师正常的教育行为给以理解和支持。

针对一些家长可能缺乏相应的家庭教育文化及氛围，乃至方法与技能等问题，学校则应该通过设立家长学校，开办家长培训，召开家长会议，举行家长面对面座谈等形式，倾听家长心声，为家长答疑解惑，提供有效的家庭教育策略，引导家长树立科学育儿理念，理性确定孩子成长预期，以平常心陪伴孩子幸福成长。

第四，优化课后服务，促进学生健康全面发展。课后延时服务的实施，既显现出了应有的目的和优势，又暴露出了在校时间加长，学校安全责任加大，师资不足等问题，甚至引发了是否可持续的讨论与关注。因此课后服务一方面应该根据学生年龄特征与兴趣、家长的愿望与需求、师资的条件与能力，因校制宜，因龄制宜，因师制宜，因时制宜，绝对不能搞一刀切；另一方面，应不遗余力创新课后服务载体，变"黑板天地"为"现实天地"，"作业世界"为"活动世界"，"学科逻辑"为"生活逻辑"，"压抑状态"为"快乐状态"，"单一模式"为"整合范式"，让高质量的课后服务为孩子们提供更加多元化的成长路径，凸显他们的个性，张扬他们的天性，成为高质量课堂学习的强助攻。

第五，变革评价机制，确保教育回归育人本位。教育评价具有导向、驱动、激励作用。"双减"背景下，只有牵住"教育评价"这个牛鼻子，才能彻底破除教育的唯分数，彻底告别教育行为的功利化、短视化，根治教育的种种乱象，恢复教育的良好生态，"双减"也才能最终落地生根。

因此必须抓住根本，迎接挑战，努力深化和优化评价机制，从只问结果的静态评价，调整到关注全过程的动态评价；从只看分数的简单评价，走向提升核心素养的增值评价；从唯一主体的权威评价，转向为多位一体的立体评价；从过去用分数的单一评价，变革为涵盖学生思想品德、学业水平、身心健康、艺术素养和社会实践等多维度的综合评价；从以往社会用人只看文凭和学历，甚至产生"学历歧视"的片面评价，转变为重能力和本领的科学评价。

  在新的一年，只要在这些方面肩扛责任，带着情感，下足功夫，用上智慧，相信"双减"之树，便会枝繁叶茂，结出丰硕的成果，成千上万的中小学生，在它的庇护下，将得以快乐而幸福地成长！

让教育因"双减"更美好

居于2021年"C位"的"双减",让我们从过去乱象丛生的教育现象中,看到了教育日益变得美好的端倪与曙光。

中小学生上学时间不像过去那么早了,睡眠时间相对保证了,作业保持在合理的负担下,凌晨还拖着疲惫的身体,打着呵欠写作业的孩子少了,学习压力也没有以往那么大了;孩子们参加校外培训的负担也大大减少了,过去那种出教室到培训室,出校门进补习门的情况,再也看不见了。腾出来的时间可以让孩子们做他们喜欢的事情了,诸如找伙伴玩了,到田间地头摸爬滚打了,到溪涧小河捉鱼摸虾了,到大自然中去呼吸新鲜空气,看蓝天白云,听潺潺流水,闻鸟语花香,感受小草呓语了,在公园里、草坪上尽情地游戏、嬉戏、捉迷藏、过家家了;家庭用于校外培训的心思少了,支出锐减了,家长对孩子的分数也不那么着急了,心情变得比较平和宁静了,接送孩子已习以为常了,陪伴孩子阅读、劳动、运动和参加户外活动的时间也增多了,父子、母子关系友好相处,变得日益和谐了,过去那种"不做作业母慈子孝,一做作业鸡飞狗跳"的情形少见了;学校回到育人的主场,成为主阵地了,曾经的"剧场效应"似乎不再那么严重了,曾几何时的"内卷"也似乎不再那么"卷"了……

但是离孩子们过上一种真正快乐而幸福的学习生活,还相差甚远。而且更值得引起重视的是,如果说"双减"能够带来一些教育的变化,那差不多都是以教师的超时超量工作作为代价的,对这种"后顾之忧"以及后续可能带来的影响,我们不能回避。

期待"双减"让教育更美好，应该关注的是教育的回归

过去那种反复讲练，靠拼时间、拼身体，一味追求分数的教育，扭曲了教育的本质，让教育异化成只有应试，失去了教育应有的理性和美好。

"双减"关系到培养什么人、怎样培养人的问题，关系到怎样贯彻党的教育方针，怎样落实立德树人的问题。"双减"之下，负担减轻了，首先应该思考和面对的是如何让教育回归的问题。

如何让教育回归朴素，做幸福至上、朴素最美的教育；如何让教育回归常识，做捍卫良知、遵循规律的教育；如何让教育回归人性，做看得见人、心中装着人、坚持以人为本的教育；如何让教育回归本原，做不抢跑、不赶跑、不乱跑，让孩子既成才、又成人的教育；如何让教育回归自然，做对孩子多一把尺子、多一种标准、多一份等待、多一些期许的教育；如何让教育回归生活，做始终围绕生活来进行、把生活贯穿始终、让生活体现于方方面面的教育。

教育能够回归，就能够回家，就能够回到那样的一个充满温情，弥漫温馨，荡漾温暖的家园，教育就理所当然地更美好了。

期待"双减"让教育更美好，应该关注的是教师

发展教育，必先发展教师；变革教育，必先变革教师；幸福教育，必先让教师变得幸福；美好教育，必先让教师变得美好。

"双减"教育大政，所带来的教育范式的变化，使教师毫不含糊地成为政策增项和责任的承担者。在一个时段下，我们可以欠他们一声"道歉"，但教育需要持续发展，需要给力发展，没有一声"道歉"，教师可以不计较；有一声"道歉"，也只是能够求得一时安慰。

教师，是人，不是神；教师，是正常人，也不是超人。教师需要正常过日子，需要正常生活，需要照顾老小，需要养家糊口，而且教师承压承重，也是有限度的，超过极限，同样会出问题。

众所周知，自从开启"双减"模式，过去的正常作息加上现在的课后服务，老师在校工作时间达到十个小时以上。很多教师除了在校工作时间，晚上回到家，包括周末、节假日，还要随时准备各种资料，回复各种信息，处理各种事务，应对各种检查评比。

就我的观察和判断，沉重的负担已经压得一些老师喘不过气来，到头来，可能导致他们带着不良的情绪和职业倦怠感面对学生，面对工作，面对教育。教师是"减负提质"，全面落实"双减"，实现教育美好的关键，但重压的状态，很难给教育带去美好。

因此，应树立"老师负担不减，难有'双减'""老师负担不减，难有教育的美好"的思想和理念，不遗余力为教师减负——尽量减少留痕考核，尽量减少非教学性工作任务，尽量减少一些对老师的干扰，让老师能心无旁骛、专心致志聚焦本业，做自己本分的事。同时尽最大努力和可能，顺应老师们的共同期盼，统筹安排时间，积极推行弹性上班制，给予教师更多私人的自由时间，尽量减少教师全天候的工作与必须要面对的现实生活的冲突，做到工作与生活、学校与家庭两不误。

期待"双减"让教育更美好，应该关注的是供给侧

供给侧，作为经济学术语，意思指供给方面，国民经济的平稳发展取决于经济中需求和供给的相对平衡。

"双减"下，教育主阵地回到学校，学校作为教育最大的供给方，应该充分满足家长的愿望和学生的成长需求。同时，"双减"政策的落地，也使广大中小学校的供给结构发生了深刻的变化，由过去每日下午 3:30 之前的"基于课时和学科的教育教学公共服务"，变成了每日下午 3:30 之前的"基于课时和学科的基本教育教学服务"和每日下午 3:30 至 5:30 之间的"基于学生自主选择的课后延时服务"。

作为"基于课时和学科的教育教学公共服务"，应该充分研究课堂，聚焦课堂，向课堂要质量。能不能把每个学生教好，取决于课堂；学生能不能"学会""会学"，取决于课堂；能不能做到"应教尽教""学足学好"，也取决

于课堂；能不能从根本上解决学生负担过重的难题，仍取决于课堂；教育能不能在新的一年里变得更美好，更取决于课堂。

因此应积极变革传统课堂，不断生成有效课堂，努力追求理想课堂，让课堂不仅是知识的讲堂，更是学生们激发兴趣、探求未知的学堂，是学生们唤醒潜能、开启心智、充满人文的乐堂，是学生们迸发激情、放飞梦想、洋溢生命气息的天堂。

作为"基于学生自主选择的课后延时服务"，对于指导作业，分层辅导，彰显个性，解决孩子接送问题，本应是一件好事，但最终却遭受很多质疑。关键是一些地方和学校不顾实际情况，搞一刀切。

给"双减"正名，给学生减负，给教育的美好造势，应该根据城乡地域的特点，学生年龄的差异，家长需求的程度，学校现实的条件，师资承受的能力灵活而定，而绝不能不分青红皂白，千篇一律。

期待"双减"让教育更美好，应该关注的是家校共育

"双减"，让家庭教育从可有可无变成了教育河流的上游，让家校共育从概念变成了教育的美好样态，变成了现在的同心同向，不可分割。

家校共育首先是家校互信。信任比黄金重要，家庭信任学校，老师信任家长，在对孩子的教育上，互信互谅，共情共理，换位思考，家庭与学校、家长与老师之间就能够消除分歧，达成共识，构建一道家校共育的亮丽风景。

家校共育其次是家校合作。学校和老师负责知识的传授，家庭和家长在孩子的做人以及习惯的养成上给予培养和引导。家庭和学校，家长和老师，分工负责，各司其职，及时联系，相互沟通，加强协作，拧成一根绳，形成一股力，共同助力于孩子的健康成长，这应该是家校共育最美的画卷。

家校共育最后才是学校和老师的主动作为。尽可能为家长提供专业引领，解答疑难，策略咨询，帮助家长树立科学育儿理念，让家长有能力、有办法担当家庭教育使命。

有期待的日子很美好，对教育的美好期待同样美好，但是更重要的是立足当下的行动，立足自身的改变，让我们一起为教育的美好而努力！

"双减"需要课堂寻变

"双减",一场教育的重大转型,一次教育的深刻革命,既是对传统课堂的严峻挑战,也是重构课堂的一种难得机遇,更是为此开启课堂寻变之旅的必然选择。

过去学生的学习效益,通常是建立在校内课时延长和大量刷题,校外的培训补习和重复训练的基础上。然而"双减"的大政方针之下,仅靠拼时间和既有的常态,来提高学习效益的路径已经走到了尽头,通过课堂的寻变,提高课堂教学效率,向课堂要质量,以提升学生的学习效益,成为当务之急。

那么,在"双减"背景下,课堂究竟怎样寻变呢?

第一,变理念。理念决定思维,理念支配行动。有什么样的课堂理念,就有什么样的课堂。理念新,一新俱新;理念活,一活俱活。

课堂不是讲堂,而是学堂;课堂不是束缚学生心智的枷锁,而是放飞学生梦想的乐园;课堂不是教师讲得精彩,而是要让学生学得精彩;课堂不是要形成一个个句号,而是要生成一个个问号;课堂既要立足常态,又要立足常新,更要突破常规;课堂要靠教师的无为,成就学生的有为,要靠教师的退步,促成学生获得长足的进步……

凡此种种,不一而足。这些关于课堂的基本价值取向,都是我们在课堂寻变中所应确立的基本理念,所应遵循的重要法则。

第二,变师生关系。我们的课堂教学改革,课堂要变得有效,必须变革师生关系,变革教师、学生、课堂这三者的关系。好的关系就是好的教育,好的关系就是好的课堂。

怎样变革?就是要让学生站在课堂的中央,成为课堂的主人;就是要把课堂还给学生，把学生的学习空间、时间，学习的机会、方式，学习的权利、选择还给学生；就是要变教书为教学，变课堂为学堂，变竞教为竞学，变学生被动学为主动学；就是要尽量减少讲和听，增加说与做，学生已经会的不讲，学生自己能够学会的不讲，讲了学生还是不会的不讲。

有了这种关系变化后，教师由主体变为主导，由台前变为台后，由掌控者变为学习的陪伴者。学生认知主体性凸显，课堂中会荡漾着学生活泼灿烂的生长，会充满师生绿叶红花、互为映衬、教学相长、和谐温馨的氛围。

这种关系的变化，其实本质是一种归还与解放，一种释放与激活，一种唤醒与迸发。这种变革关系的课堂，必定能够调动学生的学习主动性、能动性，一定能让课堂变得有用、有趣、有效。

第三，变学习方式。目前中小学比较"重教轻学"，学生在学习上过分依赖教师，依赖课堂，缺乏学习的主动性，这让师生双方都疲惫不堪，也导致学习效果比较差。

改变学生学习方式，就是要给学生留下一定的自主时间、自我空间，尽可能增加学生在课堂中的参与度，让他们有更多的个体思考与体验，更自觉的学习选择与尝试，更灵活的大胆想象与探讨。让学生在主动学习、生动学习、能动学习、合作学习、探究学习、快乐学习、跨学科学习、实践性学习、问题导向性学习的多样态、好状态学习中，实现自我认知、自主参与、自由成长。把外在的压力转化成探索与发现知识，变"要我学"为"我要学"的强大内驱力，促进学生知识与技能、过程与方法、情感态度与价值观的整体发展。

第四，变教师行为。一是改变备课方式。教师不仅要备教材，还要备教法，备教具；不仅要备学生，还要备学法，备学情；不仅要独立思考，用心架构，形成高质量的教案，还要放下身段，融入团队，通过集体备课、互补共享，形成有针对性的导学案。二是改变讲课方式。教师要由过去的满堂灌，变为启发、开导、点拨、点评；要由过去简单知识的传授，过渡到"赋能驱动""整体联动"；要由过去仅仅停留于育分，转向五育并举，立德树人，个性彰显，全面发展。三是改变作业布置方式。教师要将反复刷题、重复训练、无效低能的题海战术，变为在吃透教材、了解学情、占有大量资料和信息的基础上，精选题目，分层次、分对象设计作业，个性化、弹性化布置作业，既让一部分学生"吃得饱"，又让一部分学生"吃得好"，还要让一部分学生"吃得了"。四是改变工作状态和方式。"减负提质"，变革传统课堂，给教师的专业发展和职业态度提出了更高的要求。因此，教师一定要坚持学习，不断反思，针对"双减"及高效课堂的要求，进行针对性研究，在学习中提升，在反思中改进，在研究中找出对策；一定要善待职业、爱岗敬业、精业乐业，以一个教育人的责任与使命、良知与坚守，为教育未有之大变革，做出应有的努力和担当；一定要学会调节情绪、调整心态、调适生活、调减压力。

教师比过去担当了更多的责任，如果说这个社会还欠教师一声"感恩"，那么我们教师自己更不能亏欠自己。这不仅仅是为了自己，更是为了孩子，为了这神圣的事业，为了当下的"双减"。

第五，变评价机制。课堂必须坚持以学生为根本的价值取向。一个好的课堂，一个有效的课堂，一定是以生为本，一定是站在学生这边，一定是具有学生立场，一定是以学生的感受、体验和学生的成长作为最基本的尺度，背离了这个前提，任何课堂都是无效或者至少是低效的。

因此对课堂的评价，需在传统意义的评价上做出调整和变化。首先必须从"人"的角度，从"有没有人"的高度，从"人文""人性"的温度上，对课堂进行评价。至于那些课堂彩排得再精准，铺排得再热闹，编排得再模式化，环节和细节安排得再天衣无缝、漏水不漏的课堂，如果忽视"人"，忽视人的存在，忽视人的感受，忽视人的情感，这样的课堂值得商榷和考量。

其次对课堂的评价，不能仅仅停留于学生对知识的生硬习得，或是一纸分数的获得，而应该从学生在课堂中关键能力的培养，核心素养的形成，个性化的发展，想象力的开启，创新思维的涵泳，学习参与度、愉悦感和成就感的体验等方面，进行全面评价、综合评价、增值评价。

"双减"给学校教育以更大的责任和空间，只有在"变"中建构出有效课堂、高效课堂，才能不辱使命，担当重任，真正实现减负和绿色育人双目标！

让有效课堂点亮"双减"

"双减"要实现"减负提质",关键在课堂。课堂作为立德树人的主渠道,作为传道授业的主阵地,作为提升教育质量的主战线,如果能够变得更有效,能够使每一个学生听懂、学会,这样既可以减少过多的作业负担,又能避免甚至杜绝盲目的课外补习。

"双减"需要有效课堂的支撑,那么我们的课堂怎样才能够变得更有效呢?

一、更有效的课堂要以朴素为基调

这个世界上的一切都是朴素的,朴素的东西最美、最持续、最有魅力,课堂也不例外。

朴素的课堂,宁宁静静,简简单单,大大方方,不花里胡哨,不矫揉造作,不奢华浮躁,不喧嚣卖弄,不打打闹闹。

朴素的课堂,和风细雨,自然生成,妙趣天成,自然流露,如返璞归真,没有表演做戏,没有既定套路,没有盲目跟风,没有走火入"模"。

朴素的课堂,闪耀着教者的仁爱,彰显着教者的智慧,挥洒着教者的情怀,体现着教者的责任,折射着教者的良知,渗透着教者的功底。

朴素的课堂,是一种真实的课堂,是一种常态的课堂,是一种接地气的课堂,是一种直入孩子心灵的课堂。

朴者无敌,素者至美。烙上朴素底色的课堂必然是有效的。

二、更有效的课堂要以学生为中心

教育，传递的是生命的气息；课堂，播撒的是人性的光辉。正如美国钢铁大王卡内基所言："铁路1%是铁，而99%是人。"而课堂，归根到底是学生的课堂，课堂1%是分数，而99%是学生。

因此，课堂必须看得见学生，必须目中有学生，心中有学生，必须关注学生的个性，遵从学生的天性，充分关切学生的人性。

课堂上的每一束目光的投射，每一句话语的表达，每一招教育技法的运用，每一个教学环节的设计，每一条规章制度的建立，每一项互动活动的开展，都应该有人文的考量，有人影子的晃动，有人的情感的传递。

我认为，课堂失去"人"，课堂忽视学生的存在，课堂充斥的只有生硬的分数、冰冷的条款、机械的说教、压抑的空气，无论知识传授得再精准，教学手法运用得再娴熟，这样的课堂，终究是无效的。

三、更有效的课堂要以尊重为前提

教者，要当好平等中的首席，而不是高高在上，唯师者至上。师生在年龄、身高、见识与学识上有可能有差异，但在人格、尊严方面是平等的。对学生的尊重，是爱的起点，创造的源泉，也是教育的真谛。

有位名人说过，一个民族是否高尚，可以从这个民族对待小动物的态度中表现出来。我以为，一个课堂是否有效，可以从我们的教者对待学生的姿态中体现出来。

尊重是高尚的品质，教育的本质就是尊重人、发展人、解放人。没有尊重就没有爱，就没有教育。

课堂，是个收获尊重与温暖，荡漾温馨与温情的地方。在这里，教师应该是孩子们的朋友与伙伴，要尽可能和孩子们建立平等的师生关系，因为好的关系才会有好的教育，平等的师生关系才会有有效的课堂。

在一个课堂上，也许有经常走神的孩子让你唉声叹气，也许有调皮捣蛋的孩子让你伤透脑筋，也许有性格内向的孩子在你再三鼓励下都没有勇气举起回答问题的小手，也许有接受知识慢的孩子哪怕你手把手教他也总会让你觉得收效甚微……但是不管怎样，只要我们用尊重的视角去欣赏他们，用尊重的情怀去包容他们，用尊重的眼神去呵护他们，我们在课堂上看到的将是一张张绽放的笑脸，感受到的将是清新而祥和的氛围。

也许孩子们接受知识的水平参差不齐，也许孩子们的考分有高有低，但我觉得从这样的课堂走出的孩子，他们会富有人文精神，具有爱心，懂得尊重，知晓感恩，人格健全，正直诚实，豁达乐观，对美好生活充满向往，对未来人生充满期待，最起码他们会完成学业，不会厌学，更不会厌世。这样的课堂，岂止有效，更是一种高效！

四、更有效的课堂要以创新为突破

创新是社会进步的基石，也是有效课堂生成的法宝。

这个世界唯一不变的是变化本身，变则通，通则达。让课堂变得更有效，必须敢于动课堂的"奶酪"，通过创新课堂样态，变革传统课堂。

教师不是主演，而是导演；学生也不是接受知识的容器，而是主动获取知识、探求知识的探测器；课堂不是教师讲得精彩，而是要学生学得精彩；课堂也不是教师独霸的讲堂，而是学生带着浓厚兴趣学习知识的学堂。

变革传统课堂，就是要把课堂还给学生，让学生站在课堂的中央，成为课堂的主人；把班级还给学生，让教室成为学生纵横驰骋、放飞梦想的天地；把创造还给学生，让学生尽情地在想象的世界翱翔；把成长还给学生，成长永远是自己的事情，教者不能包办，不能全揽，更不能代替。教者，作为一位旁观者和倾听者，一位引领者和导航者，一位构思者和搭建者，一位教育教学活动的组织者和设计者，通过把握与调控，设问与置境，铺路与激趣，让学生们在主动学习、能动学习、生动学习、合作学习、探究学习、愉快学习的状态下获取知识的琼浆。

变革传统课堂，就是要通过角色的转换、关系的调整，最终变苦学为乐学、死学为活学、难学为易学、不会学为会学；就是要把"学"和"习"、

"讲"和"练"、"育分"和"育人"、"学知识"和"学做人"有机结合,完美融合。让学生既能够应对当下,又能够走向明天;既能够成为知识的拥有者,又能够成为终身学习者、身心健康者、责任担当者、问题解决者、优雅生活者。

能够从这四个方面去做些努力,课堂离更有效就不远了!

五、更有效的课堂要以可持续为目标

社会的发展要可持续,教育的发展更要可持续,而教育的可持续,离不开课堂的可持续。

可持续的课堂,是绿色的课堂、环保的课堂;是使学生既获得分数,又拥有分数之外的能力与素养的课堂;是让学生现在得到发展,将来得到更好发展的课堂;是为学生当下铺路,为他们未来人生奠基的课堂。

对于可持续课堂,促进学生身心健康、品质修养的可持续发展,便成为课堂教学的重要任务。

这就要求我们要立足课堂,既要做到学科知识的传授,又要注重开启学生思维,培养学生良好的学科素养,培养学生全面发展的能力,能让学生适应今后社会发展的需求,拥有幸福的生活。

六、更有效的课堂要以课程为载体

人们关注更有效的课堂,往往更多关注和研究的是课堂本身,却忽略了课程的变革与转型。

课程与课堂的关系,我们可以用这样一个类比来进行说明。食物是一个孩子健康成长的基础,根据孩子生长的需求,我们需要一个营养食谱,根据这个食谱来准备食材,这个食谱和食材就是"课程"。根据食谱,我们把各种食材做成饭菜,让孩子们高高兴兴地吃下去,这就是"课堂"。

而现实的情况是,我们往往关注饭菜,却忽视了食谱和食材。我们关注的是课堂教学的变革,却经常忽略了课程的变化。尽管国家给我们提供了一套完整的课程体系，但这是一个公共"食谱"，提供的也是"公共食材"，它不一定适合每个孩子，也不一定满足每个孩子的成长需求。所以，构建有效的课堂，必须依据国家课程，围绕学生核心素养的个性化表达，进行有效梳理和融合，进而实现国家课程"校本化"和"班级化"；必须根据历史沿革、地域文化、学校学情、班级班情、生源生情，开发地方课程、校本课程、班级课程和特色课程，满足不同学生的发展需求。

把"双减"之根扎入课堂

新学期开学了,落实"双减"迫在眉睫。而落实"双减",最终在于"减负提质"。要达成这一目标,向四十分钟要质量,向课堂要质量,则尤为关键。变革传统课堂,生成有效课堂,关系着"双减"落实落地的程度与效度。

一、突出学习方式的华丽转身

过去学生单一、被动的学习方式,已经成为推进素质教育的一个障碍。生成有效课堂,要倡导"主动参与、乐于探索、交流合作"的学习方式,实现学习方式的多样化;让学生在听中学、读中学、玩中学、做中学、游中学、思中学、研中学,以主动、能动、生动的学习姿态,进入积极而高昂的学习状态,从而调动学生兴趣,获得学习乐趣,促进学生的整体、全面而和谐地发展。

二、突出教师行为的真实改良

改良教师的行为,首先是改良备课方式,要通过集体备课形成导学案,要从不同的角度、不同的内容、不同的侧重点、不同的方式进行备课。其次改良讲课方式,要由过去"多教少学""以教代学"变成"少教多学""不教让学"。陶行知先生早就指出:"先生的责任不在教,而在教学,教学生学。"海德格尔也提出过"让学"的教育观点。最后教师作业布置也必须改良。教师要在吃透教材、了解学情、占有大量资料和信息的基础上,精选题目,少布置重复性、低层次作业，多布置一些"量少质高"的作业；少布置纸笔作业、书面作业，多布置一些"口头作业""实践作业""动手作业"；少布置整齐划一的作业，多布置一些"弹性作业""个性化作业"。

三、突出学生资源的开发整合

按照教育新政要求，"义务教育学校要严格执行均衡编班的法律规定，不得以任何名义设置重点班，切实做到均衡配置师资"。这表明从现在开始，就不再允许分什么优生、中等生、差生，也就不存在什么火箭班、重点班、普通班了。

学生均衡编班，既有利于教育的均衡发展、公平发展，又有利于实现学生的全体发展、个性发展。

要生成有效课堂，一方面要让每个学生既会学、又学会，另一方面要在对学生进行编班、分组、排座时，注意将优秀生和后进生合理搭配、交叉安排。以座位形式结成帮扶对子，让优秀学生带动后进生，让会的学生教不会的学生，从而对学生资源进行充分开发、整合和利用。

四、突出教学情境的精妙设置

有效课堂要彰显它的魅力，要让学生喜欢，要激发学生的学习兴趣，关键在于有效教学情境的创设，这恰恰是目前传统教学最为薄弱的地方，也恰恰是新课程改革和考试需要对接的一个方面。高考作文大多是情境作文，政治试题多是结合案例进行情境分析，因此，我们不能淡化情境教学。

早在20世纪初，杜威就批评教育的三大错误："第一，不考虑儿童的本能或先天的能力；第二，不发展儿童应付新情境的首创精神；第三，过分强调训练和其他方法，牺牲个人的理解力，以养成机械的技能。"

比利时著名教育家哈维尔·罗杰斯也曾说："学生的能力，需要在复杂的环境中得到发展，并在复杂的情景中得到评估。"

课堂是个多变的时空，广义的课堂不单指教室，工厂、车间、大自然都可以作为课堂。我们完全可以打开课堂，把学生带到田间地头去学习，带到美丽的大自然去上课，带到工厂、车间、社区去体验，这都是最真切、最鲜活的教育情境。

即使在学校课堂上，老师也可以根据学科的特点，设置一些灵活的、有趣的教学情境，让学生置身其中，亲身感受。比如小学低年级段，可以通过故事、游戏、师生互动来创设一些教学情景；高年级，可以组织学生参加社会实践活动，这也是一种情境创设。

五、突出设问答疑的把握拿捏

有效课堂的主人是学生，教师只做最恰当、最精当的点拨，师生之间的交流与互动，主要是靠设问答疑这一载体来实现的。

因此，教师的设问、提问，最后的点评、解答，要得体、巧妙，要形成照应，要具有开导性和启发性。对学生大胆的质疑、开拓的思维、勇敢的表达，教师一定要支持、肯定和鼓励。

至于怎么来设问、提问，教师怎么来解答、点评，同时怎么来鼓励学生，这都是有技巧的，需要做一些深度的思考和研究。

六、突出教学常规的检查督促

生成有效课堂，就像我们推进其他工作一样，要统筹兼顾，绝对不能顾此失彼。就像我们的文化传承一样，现代文化要弘扬，传统的文化也要继承。为了生成有效课堂，先进的理念要运用，有效的方法要探索，行之有效的模式更要推进。

同时，教学常规管理照样必须跟进，绝对不能因为有效课堂的生成，把行之有效的教学常规管理给淡忘了、疏忽了、遗弃了。

有效课堂既要立足常态，又要追求常新，还要突破常规。这里所说的"常态"就是指的教学常规管理，它是追求常新、突破常规的基础。

七、突出反思提高的充分利用

有效课堂的生成，要反思、要研讨，在研讨中发展，在反思中提高。不断反思的过程就是我们不断总结、不断完善、不断改进的过程，就是有效课堂逐渐生成的过程，也是教师专业发展、快速成长的过程。

有效课堂的探索，是无止境的。教无定法，再有效的教学，再理想的课堂，不去总结，不去反思，始终是很难提高的。正如一个老师上了一辈子课，他如果不进行反思，永远只会成为教书匠，而成不了名师。他的课永远都是以知识教知识，按部就班，永远都不可能达成课堂的高效。

八、突出评价机制的联动创新

对课堂的评价，对学校的评价，对教师的评价，对学生的评价，对学习效果的评价，必须整体联动，创新推动。按照传统的机制和评价标准，分数主导，维度单一，往往会过度关注"有用"而失却"有效""有趣""有创造"，从而很难推动有效课堂的生成。

创新评价机制，就是不仅要关注学生"学会"，而且还要关注学生"会学""乐学"；不仅要关注教师"教会"，而且还要关注教师的"会教""乐教"；不仅要关注课堂教给了学生多少知识，而且要关注课堂给了学生多少分数之外的东西，比如情感体验、人格养成、习惯形成、想象力的启迪、个性化的发展等；不仅要关注学生在课堂中的学习过程，而且还要关注学生在课前有多期待，有多渴盼，在课后有多少回味，有多少思考。

在这八个方面，做出一些思考和探索，相信我们的课堂一定会变得有效、高效，"双减"也一定会因课堂的有效、高效而行稳致远！

第四辑 「双减」下的家校共育

"双减"之下，孩子怎样做"加法"？

"双减"前，一到周末和节假日，孩子既要完成铺天盖地的各科作业，又要像走马灯一样穿梭于各种辅导班，根本没有什么闲暇时间。

如今，学科类辅导班关停了，再加上学校作业减负，孩子们的时间被解放了，可以供孩子支配的时间相对多了。

是不是孩子就可以无所事事，可以"躺平"呢？显然不是。我以为，孩子除了嬉戏玩耍，放松身心外，还应该在五个"多"上做加法。

一、多读书

阅读，是最好的学习，也是最好的成长。让孩子利用周末、节假日，利用空闲时间，利用"双减"后多出的时间，多读书，多读自己喜欢的书，多读适合自己当下阅读的书，在书海徜徉，在书的天空翱翔，在书的世界里与先贤大家、仁人志士对话，在书中与伟大的事物和人物相遇，在浩瀚无边的书中遇见美好的自己，这应该是孩子需要做的最重要的事情。

一个读书很多的孩子，他的知识面一定很广，他的视野一定很宽，他的思维一定很活，他的理解能力一定很强，他的想象力一定很丰富。让他去应对那点纸笔考试，获得一个满意的分数，那一定不成问题，甚至获得一个可喜的成绩，或许便是一种额外的奖赏。更为重要的是，由此养成的读书习惯，将会成为陪伴他们一生的宝贵财富。它为孩子们所打上的精神底色，所给予的万千气象，所注入的文化元素，会在他们的未来人生中以独特而高雅的方式呈现出来。

二、多运动

近些年来，过重的课业负担和培训负担，让孩子缺少必要的运动。一些学校要么为了单纯的智育，忽视体育，体育被考试学科所取代；要么为了安全考量，把有一定对抗性的体育课，上成了室内课。由此所带来的"小近视""小胖墩"，还有身心不健康的孩子越来越多。不少家庭也更看重孩子的学习，认为"运动又不能提分""运动耽搁学习""运动会养成贪玩的习惯"，这更成为很多家长阻止孩子运动的口头禅。

现在，孩子们有了充足的时间，就应该鼓励和支持孩子多运动、多锻炼，比如爬山、跳绳、打球、跑步等。

对于孩子来说，运动是最好的活动。孩子多参加运动，不管是对孩子的身心健康、发育，还是智力的提高，都是有好处的。

不仅如此，孩子多运动，既能提高他们的身体素质，又能够磨炼毅力、顽强意志、增强他们的心理素质。喜欢运动的孩子，都阳光活泼，自信开朗，经得起摔打，受得起挫折，面对失败和逆境，有勇气爬起来，有信心迈过去，不会自暴自弃、作践生命。

当然，孩子的运动一定要找到自己感兴趣的项目。兴趣是最好的老师，孩子们参加他们感兴趣的运动，就会从运动中找到乐趣，就会全身心投入其中，并坚持运动下去；一定要把玩耍和游戏相结合，不能为了运动而运动，而应该在玩耍中运动，在游戏中运动，在参与活动中运动，有机融合、相互促进；一定要懂得运动量力而行，要注意运动的质和量，把握运动的"度"，不要给自己无限度加码；一定要保证睡眠时间，只有睡眠充足，加上适当的运动，才会有一个身心健康的身体。

三、多参加劳动

孩子劳动观念的塑造、劳动精神的培育、劳动技能的掌握、劳动美德的养成等，不可能在知识讲解、概念灌输中获得，而是在具体的劳动中才能形成。而劳动本身，不仅是最好的生活教育，更是一种生活享受和乐趣。劳动对于孩子的成长与成人来说，是不可或缺的支撑。

哈佛大学的学者曾经做过这样一项研究，并得出了一个令人吃惊的结论：跟踪那些从小爱干家务和不爱干家务的孩子，发现成年后，前后者的就业比例为15∶1，犯罪比例为1∶10，且前者离婚率更低，心理疾病的患病率也低。

对于劳动，在"五育并举"的背景下，不仅学校要开辟劳动阵地、创新劳动载体、强化劳动教育，家庭更是要利用"双减"红利，引导和安排孩子多干些家务劳动，比如扫地拖地、整理房间、折叠衣服、淘菜洗碗、做简单的饭菜等。

有条件的家庭，还应该让孩子到田间地头，干一些力所能及的农活儿，让他们走进自然，置于苍穹，脚踩大地，让指甲嵌满泥土，获得植物性的生长力量。

一个从小爱劳动的孩子，他会向往美好，充满激情，热爱生活，最终会成为一个懂得感恩、有责任担当、有爱心孝心的人。

四、多参与社会实践

过去孩子们差不多是出课堂进补习堂，出教室进培训室，出校门进家门，学习的空间封闭、狭窄，学习形式局限于念课本和刷题，单一、单调。学习与生活脱节，学习与社会少有对接，学习与未来走向缺乏衔接。

学习的目的是什么？绝不是考高分、上名校、争面子，而是今后能更好地生活，更好地融入社会，更好地面对未来，拥有一个幸福的人生。

"双减"后，那种死读书、读死书的局面将要被打破，校门和家门将要打开，课堂将要从书本移向生活，教室将要从室内延伸到社会。

"纸上得来终觉浅，绝知此事要躬行。"社会实践最大的好处是让孩子真正地走出课堂，走进生活，走出教室，走向社会。去亲自体验生活，去亲自认识社会，去亲自把书本知识运用于生活和社会，去亲自检验和印证书本知识学习进程与程度，去亲自通过动脑、动手获得丰富的书本以外的知识，去亲自感受生活的不易、社会学问的高深莫测，去深刻地认识自己知识的不足、认真学习的重要，去发自内心地感叹一声，"莫等闲，白了少年头，空悲切"。

因而，周末假期，更是孩子参加社会实践活动的重要时段，应该让孩子走到农村，走到社区，走到厂矿企业，走到博物馆，多参加一些社会调查、送温暖、访贫问苦、公益募捐等社会实践活动。在实践活动中了解社会，拓宽视野，开阔眼界，丰富阅历，提升合作与交流能力。

五、多一些自我管理

今天的孩子最终会离开学校和家庭，告别老师和父母，走向远方、走向未来、走向人生，因而让孩子学会自我管理、自我学习、自我成长，十分重要，也很必要。

"双减"之下孩子们时间宽松了，有足够自由支配的时间，这恰恰是考验孩子们有没有自我管理意识，能不能管理自己的时间，会不会管理自己学习的时候了。

学习永远是自己的事。自己的时间自己安排，自己把握；自己的人生自己规划，自己做主。孩子所具备的自我管理、自我学习、自我成长的能力，不仅是当下学习的需要，而其所固化的自制力、自控力、自学力，更是让他们受益终身的东西。

孩子生性好动好玩，自由散漫，缺乏自我管理的意识，作为家长就应该通过示范、通过激励、通过引导，帮助孩子拟定学习计划、制定作息时间表，指导他们合理安排时间、有效利用时间，教会他们把握学习、休息、玩耍以及生活节奏，让他们学会自己学习、自检作业，学会自己调节情绪，自己照料生活，自己掌握看电视、玩手机时间，锻炼提升自我管理、自我学习、自我成长的能力。

孩子要做到自我管理，有一个妙招，那就是坚持写成长日记。通过写成长日记，把自己每天的经历，每一点滴的变化，随时生发的成长感悟，以及检查和省视自我管理的情况——看自己每天有什么进步，存在什么问题，有什么需要改进——及时记录。日记既是对自己成长进步的见证，又是对自己学习与成长的监督，长此以往，学生就有了潜在的自我管理意识，也就有了自我管理的行动与自觉了。

　　如果我们的孩子能够围绕这五个"多"做加法，去利用时间，去做一些事情，不仅能使孩子健康成长，全面发展，还能达成"双减"的目标，有效消解"双减"后一些家长所产生的新的焦虑。

要教好孩子，先教好家长

家庭教育是一切教育的起点和先导，家庭教育比学校教育重要。成功的教育，除了学校教育的主阵地作用，还离不开家庭教育的支撑与配合。

苏霍姆林斯基曾说："教育的效果取决于学校和家庭教育影响的一致性。如果没有一致性，那么学校的教学和教育过程就会像纸做的房子一样倒塌下来。"

然而，众所周知，当下教育最大的问题，我以为不是学校教育，而是家庭教育。

由于现代社会生存的压力越来越大，很多家长成天忙于生计，长时间不管孩子；有的家长整天玩手机、看电视、喝茶、打麻将，根本无暇管教孩子。有这样一则笑话，有位母亲在怀孕期间天天打麻将，娃娃出生之后老是哭个不停，用了很多办法都不起作用，他父亲急忙拿来一副麻将，"哗啦啦"地搓着，婴儿听到搓麻将的声音，一下子就不哭了。这虽是一则笑话，却反映了一种十分尴尬的现象。

当然，最大的问题还在于不少家庭缺乏家庭教育的文化知识背景，教育手段简单粗暴，教育方法乖戾偏激。拳脚型、棍棒型、呵斥型、娇生惯养型、放任自流型、拔苗助长型、批评施压型等，便成为中国家庭教育的大众脸谱。

家庭教育不是强迫，不是要家长作风，而是示范与引导；家庭教育不是管理，也不是一味管住，而是榜样与带动。也就是说，作为家长，你希望孩子做到什么，你就做给他看；你希望孩子成为什么样的人，你就应努力先成为什么样的人。你让孩子不玩手机，你就不要经常手机不离手；你要让孩子懂礼貌，你就应该谦恭有礼节；你要让孩子喜欢读书，你就应该首先成为读书人；你想让孩子将来孝顺，你现在对自己的长辈就要先做到孝顺。

人格教育是无声的，身教胜于说教，家长的一言一行其实都蕴含着教育，然而很多父母却不明白这一点，在孩子面前不注意自己的言行，不注意自己的习惯，对孩子要求的是一套，自己做的却是另一套。在这种情况下，学校教育再全面、作用再大，也难免被来自家庭的负面影响所消弭。

家庭各异，孩子天性禀赋不同，每个孩子都是上天的宠儿，都是不可复制的。可是不少父母望子成龙心切，不顾客观现实，生拉硬拽地把自己没有实现的梦想与愿望，一股脑儿压在孩子瘦弱的肩上。要求孩子必须考高分、读名校，在莫名与无端的焦虑之火的燃烧下，不惜一切代价，斥资砸钱为孩子报各种补习班、培训班，让孩子没完没了地学，以至于让孩子身心扭曲，失去快乐的童年，由此引发的孩子出走、自杀等事件让人触目惊心、不寒而栗。

在"双减"下，国家出重拳取缔校外培训班为孩子减负，尽管家长的整体焦虑情绪得到一定程度的纾解，但是仍有父母认为，有中考、高考，有普职的提前分流，不管怎样"减"，升学的压力减不了，残酷的竞争现实就减不掉。这些父母的焦虑不减反增，对孩子的施压不降反升。过去是公开给孩子报班，现在只能转战"地下"，隐蔽操作，变本加厉，让孩子更苦更累，无缘"双减"之普惠。

这一切的一切，当然也不能全责怪家长，父母不是天生就会做父母的。如今干什么工作都需要资质，开车要有驾驶证，律师要有律师证，造价评估要有评估证，医护人员要有医护证，唯独当爸爸妈妈不需要什么证。有的人对怎样当爸爸妈妈全然不知，没有任何教育孩子的资质，却稀里糊涂地当上了父母。我以为，父母没有教育资质比无证驾车性质更严重，因为它直接伤害的是自己的亲骨肉。

其实，家庭教育所暴露出的种种问题，都反映出父母教育的缺失。他们不知道学，不知道怎样学，不知道向谁学，不知道学什么，不知道在什么地方学。父母教育的缺失，导致了中国父母的不成熟，不成熟的父母如何教育出好孩子呢？

父母是最需要学习的，只要父母改变一点点，孩子就会进步一大截。在

"双减"下,要减负提质,除了学校教育履职尽责外,还要充分发挥家庭教育的作用,家校协同,家校共育。当务之急,就是如何"教好父母",如何让父母从自然型转型为智慧型。

一方面,父母应该自我加压、自我学习,与孩子一起成长。这是最好的一种学习方式,也是家庭教育旅程中最美妙的风景。父母养了孩子,自己不学习,只想着怎么教孩子,只顾着成天要求孩子学习,这样的教育力量是单薄而微弱的。

另一方面,挖掘社区的教育力量,让每个社区乃至全社会都成为父母学习的平台。利用已有的社区活动中心等设施,组织父母开办读书会、育儿交流会、孩子成长研讨会等活动,带领父母学习教育知识,认知教育常识,了解孩子身心成长规律,以此引导父母理解教育、走近教育,进而和学校形成合力。

反观我国的社区教育,公共设施却仅限于安全、卫生、乡规民约宣传栏,或局限于棋牌娱乐等,难以体现对父母教育的功能,这不能不说是一种遗憾。

"双减"的最终目的是"构建教育良好生态,促进学生全面发展、健康成长"。在当前社会教育和社区教育还很欠缺的情况下,作为专门的教育机构,学校应该在家校协同、合力育人的框架下,担负起全方位的教育责任。本着"要教好孩子,先教好父母"的原则,既要教学生,又要教父母,甚至先教父母,再教学生,积极构建起学校、家庭、社会三位一体的育人网络。

那么,怎样"教父母",怎样通过学校实现对父母的教育呢?我认为,最有效的载体是办好父母学校,父母在父母学校接受的学习与教育,能帮助父母运用科学的理念、有效的方法,行使正确的家庭教育行为。同时,父母学校也能够为学校教育与家庭教育之间搭建一座桥梁,构建一个容易互动的通道,从而形成教育合力,获得最大的教育效果。

父母需要教育,需要接受专业而系统的教育,在这方面跟进了,孩子教育的很多问题便迎刃而解了!

"双减"季,送给家长们的五句话

时间过得真快,不知不觉间,"双减"已开始一段时间了。现在回过头看,"双减"让孩子的负担减轻了些许,也让教育生态的修复有了一丝曙光。

但是一些家长的压力和焦虑,却似乎没有多少改变。在与一些父母的接触中,我发现他们还是唉声叹气,说只要有高考在,有中考在,还有初中的提前分流在,不管千减万减,残酷的现实是没法减的。我似乎感觉到个别父母的焦虑情绪还有增无减。为此,我想送给家长们五句话。

一、留住孩子的好奇心

对孩子学习成绩的过度关注,应该是不少父母的共同倾向,也是群体焦虑之源。孩子的学习成绩,说白了就是考试分数,而考试分数是对孩子知识水平和掌握程度的检验与反映。

学生天赋不同,个性各异。有的接受知识快,擅长考试;有的接受和消化知识慢,很难在考试中胜出。

一个班几十个孩子,分数居于前列的肯定是少数,绝大多数属于中下之列。分数暂时靠前的,未来人生不一定就成为佼佼者;处于中下之列的孩子,成人后可能会更有作为。

其实,父母不必对孩子的分数太在意,我们应该留意的是孩子的好奇心。

好奇心能激发学习兴趣,好奇心能点燃探索欲望,好奇心能迸发生命张力;好奇心能促使孩子不断学习,不断超越自我;好奇心能驱动孩子睁大双眼,打量世界,挑战未来;好奇心,是孩子成长的密码,是孩子逆袭人生的法宝。

父母对孩子最好的呵护，是呵护孩子的好奇心；对孩子最大的关注，是对孩子好奇心的关注。留住孩子的好奇心，比让孩子获得一纸分数更重要。让孩子拥有好奇心，就是让他们拥有了未来幸福的人生。

二、不妨让孩子输在起跑线

有句话已严重误导了家长多年，"别让孩子输在起跑线"，可以说是制造和贩卖焦虑的元凶。

过去许许多多的家长由于担心自己的孩子输在起跑线上，不惜砸重金把孩子送到各种补习班。

50米、100米的短跑，起跑线当然重要，起跑慢了，一慢则慢，一输全输。然而孩子的一生是漫长的马拉松，马拉松的要诀是保存实力，厚积薄发，关键时刻冲刺发力，也就是迟开花、后结果，谁笑到最后，谁笑得最灿烂。

因此，父母不必在孩子的起跑线上患得患失、顾忌太多。在孩子的幼年、童年时，让其尽情嬉戏玩耍，积淀生活经验，涵养学习兴趣，让想象力在大脑安营扎寨，让后发力蓄势待发，孩子有可能输在起跑线，却会最终赢在未来。

三、平常心，浓浓情

普普通通便是真，平平常常人间情。这个社会，能够成为精英的毕竟是极少数，绝大多数孩子，都会像我们一样成为普普通通的人。

可怜天下父母心，望子成龙，望女成凤，其心迫切，这能理解；期望孩子今后有出息，胜过自己，强过他人，这也能共情。

但是孩子有他自己的花期，有自己的生长季，有自己的发展方向。社会的良好秩序和正常运转，需要方方面面的人才，需要三百六十行各尽其能。不可能人人考高分，也不可能个个上名校，即使孩子在学习上不能拔得头筹，上帝在关掉这扇门的同时，也会为他打开另一扇窗。

不必着急，不用焦虑，不需赶鸭子上架，不要在独木桥上挤得头破血流，更不应用爱的名义去逼迫孩子。拥有一颗平常心，发现孩子个性，找到孩子强项，不必用长处补短板，尽力让孩子把优势做足，人生同样能精彩。不然，只会让自己活得累，让孩子尝尽万般苦，更有甚者，落得个鸡飞蛋打，人去楼空，那更是人间悲剧。

四、守护孩子品格的底线

人们通常认为有高分数、好成绩的才是好孩子。我以为，高分数、好成绩，只是人生的一个敲门砖，一张通行证，它绝不是人生的决定因素。

人生的竞争不是分数和成绩的竞争，而是品格的竞争，人生起决定和制约作用的是品格，而不是其他。

只有品格，才能让孩子直立行走，受人尊重，赢得人脉；才能让孩子肩负责任，懂得承担，享受快乐；才能让孩子在人生的道路上左右逢源，得心应手。

一个人一生，最终拼的是品格、品德。不少父母只关心孩子的学习，为了让孩子考出好成绩，什么要求都答应，什么行为都能容忍，对于品格品德，却睁一只眼，闭一只眼，这是很危险的，到时候完全可能喝到一杯自酿的苦酒。

用心守护孩子的品格底线，应该成为父母的头等大事和重要使命。

五、和孩子一起成长

父母合格，孩子才能优秀。很多父母只知道要求孩子优秀，考高分，上名校，出类拔萃，却从来不考虑自己是什么状态，自己是否给孩子带去了什么好的影响，自己是不是始终保持着一种昂扬的斗志。

最好的学习，是父母示范下孩子的自觉学习；最好的成长，是父母主动成长后与孩子的共同成长。

父母的学习与成长和孩子一样，是没有止境的。父母不断学习，不断成长，不断进步，对孩子的影响是无形浸润而深刻的，是潜移默化而深远的。

我以为，父母的学习与成长远胜于无端的焦虑，因为那种无端的焦虑既会推波助澜于应试教育，又有可能在畸形的教育方式下给孩子带来莫大的伤害。

父母与孩子相互学习，互为促进，彼此依偎，共同成长，在同一个屋檐下将有着共同的语言，共同的精神世界，共同的心灵基因；在让孩子体验"岁月静好"的同时，孩子的成长会逐渐向好，教育也将变得更加美好。

孩子的父母们能从这五句话中受到一点感悟与启迪，有可能就不再那么焦虑，"双减"下的家庭教育也就有了它应有的理性！

孩子的成长历程永远不能被托管

关于暑期对孩子的托管，一时间哗然，人们纷纷吐槽又多出了个"第三学期"，教师也诚惶诚恐，担心是不是暑假将会被"托管"掉。

然后接着是紧急发文和召开新闻发布会，说暑期托管服务是学生自愿参加，不得强制要求学生参加，教师也是志愿服务，不得强迫教师参加托管服务。

我以为，不管是自愿与志愿，还是被自愿与被志愿，这一看似亲民的行动，不管家长怎么拥护，教师怎么乐意，社会怎么支持，最终我们应该思考的是，这种"托管"取代了孩子的假期，也取代了必不可少的家庭教育，对于孩子的成长会带来什么影响。

一个失去身心自由的人，无论采取什么高压手段，都不能制作出日误差低于1/10秒的瑞士钟表；一群有懈怠行为和对抗思想的奴隶，也绝对不可能建造出巨石之间连一小块刀片都插不进去的金字塔。

道理很简单，因为人的能力，唯有在身心和谐的情况下，才能发挥到最佳水平。

教育不可能在过度束缚与管控中产生，好的教育是在自由与自主中发生的。一个孩子长期遭受压抑、桎梏，同样不可能进行高效学习，也绝不可能拥有快乐的学习生活和幸福的人生。因为孩子只有在放松和闲适的状态下，才能够自由生长，健康成长。

孩子们通过一学期的紧张学习，特别是一些地方和学校，把教育的属性异化成只有机械地灌输，拼命地刷题，反复地考试，高强度地把控，军事化的管理，让孩子们身心俱疲、苦不堪言。

不少孩子朝思暮想着暑假，尽管有可能作业很多，学习的负担不轻，压力也不小，但是毕竟是自己的暑假，自己的假期，可以偷点懒，发发呆，睡到自然醒，做做少年梦；可以呼朋引伴，嬉戏游戏，打闹玩耍，释放天性；可以去乡间田野，看蓝天白云，闻鸟语花香，听潺潺流水，感万物生机勃发，知生活五彩斑斓……

休憩之后的奔流更有力量，调整之后的步伐更为坚实。然而，突如其来的"托管"，却让孩子们的这一切化成了泡影。

因为托管，他们将在这大热天被圈在某个地方，他们没有了放松，没有了闲暇，没有了眼界的拓展，没有了心灵的舒坦。

因为托管，他们没有了狂欢撒野的忘乎所以，没有了品尝百科全书的酣畅淋漓，没有了和大自然肌肤接触的闲情逸致，没有了呼吸外面世界清新空气的如痴如醉。

因为托管，他们的领地或许将被过度的教育所吞噬，他们的心地或许将被恐惧、惊慌所占领，他们的天地或许将被必刷题、补课、提分所裹挟，他们的属地或许将不再是青青原上草，而是荒芜成不毛之地。

尽管文件上要求托管应以看护为主，开放教室、图书馆、运动场馆等资源设施，合理组织、提供一些集体游戏活动、文体活动、阅读指导、作业辅导等服务，不得组织集体补课、讲授新课，但在当下应试的语境下和家长焦虑的氛围中，托管完全可能成为应试的帮凶。我的这些担心和判断，也不完全是空穴来风。

天地有大美，万事皆教育。教育必须从生活中来，向生命里去。把暑期交给孩子，给孩子一个属于他们的夏天，给孩子一个自由伸展的季节，给孩子一个可以展翅飞翔的天空，给他们一个随意起跳、尽情发挥的平台，让他们在城市的家里、在乡下的老屋外、在植被繁茂的森林处，在一望无垠的大海边，在一马平川的草原上，在蕴涵着巨大宝藏的书籍中，纵横驰骋、挥洒自如，或许这个暑假更有意义，这个夏天更美丽，孩子们生命的成长状态更美好。

想想我们小时候的暑假，可以在田堰沟塘，穿着裤衩捉鱼，可以"嗖""嗖"两下爬上树，优哉游哉掏鸟窝，可以用自制的简易器具，没有一点惧怕地抓蛇，可以漫山遍野顶着烈日采野果……

而现在的孩子呢？为防溺水田堰沟塘不准靠近，为保安全双杠、单杠不能触碰，不说爬树掏鸟窝，就连鸟笼里的画眉都不敢靠近，不说抓蛇，就连一条蚯蚓、一只活虾都不敢抓。

"文明其精神，野蛮其体魄"，是一百多年前毛主席在《体育之研究》一文中提出的，这也是面向未来的孩子所应该具有的样子。

从这个暑假开始的托管，把孩子走向外面、奔向大自然的通道给堵住了，老是把孩子困在室内，采取圈养式管理，又如何去实现"文明其精神，野蛮其体魄"呢？

托管的负面影响不仅限于此，还会带来家庭教育的缺失。父母是孩子人生路上的终生老师，家庭是孩子成长的摇篮，家庭教育也是对孩子最好的教育。教育孩子，扮演主角的是父母；最终的成败，在家庭。优秀的孩子，一定是父母"陪"出来的；出类拔萃的孩子，一定是家庭"教"的结果。

孩子在暑假期间，在父母的指导与督促下，做点家务，参与适当的家庭生活劳动，参加一些社会实践活动，走进社区、大自然、博物馆，读点课外书，看点电影，和伙伴们玩耍，学会制订暑期计划，学会假期自主安排，培养自我管理的习惯和能力，这是什么样的托管都无法取代的。

如果父母们只顾自己打拼，生下孩子就完全抛给学校，平时在校园生活，假期在托管中度过，只是在家睡睡觉，没有爱的陪伴，没有心的交流，没有亲情的滋养，这样的家庭养出来的孩子心理会健康吗？人格会健全吗？孩子和家长之间的关系会正常吗？

如果我们仅用教育责任的无限扩大，教师工作时限的无限延长，去替代父母和家庭教育本该承担的责任，我以为，这看似一种惠民亲民，实则是一种越职越位，一种边界模糊，一种以爱的名义对家长"懒教""弃责"的助长，一种对孩子成长的伤害。当然，也难免不构成对教师合法权益的损害！

这些文字，不是反对托管，只不过是想表达孩子的成长历程不是一个托管能解决的，家长和家庭对孩子的影响是其他任何因素和方面都不能替代的！

"双减"下，学校德育路径探析

立德树人是教育的根本任务，是"双减"大政下对学校教育的新要求，也是对学校德育地位和作用的新认识。要坚持立德树人，就必须使学校的德育工作全程有序、科学、高效，必须保证学校德育渠道畅通，路径明晰。

一、文化蕴德

文化是最好的教育，也是最大的德育。校园不能没有文化，校园因文化而璀璨夺目、绚丽多姿，因文化而五彩斑斓、熠熠生辉，因文化而内涵独具、彰显特色。

校园文化是校园的灵魂，一所学校所积淀生成的校园文化，并不仅仅是文化外延的一个展示、文化符号的一个表达、文化创意的一个呈现，而是文化环境和氛围的熏陶，它影响并改变着学生的思维方式、思想观念和行为习惯，使他们对校园文化所传递的价值产生认同与追随，从而达到潜移默化的效果。

立德树人，文化先行。"双减"下的德育，其中一个重要路径就是充分发挥校园文化的导向、激励作用，把德育置于校园文化的芬芳中，把学生思想道德水平的提升放到校园文化的创设与营建上。师生动手动脑，用情用智，能够给校园注入文化的元素，赋予文化的基因，孕育文化的精神，塑造文化的品位。力求让每一堵墙壁都说话，每一株花草都传情，每一个楼道都达意，每一间寝室都成为学生心灵的小屋；让校园的每一处人文景观都成为德育的阵地，让校园文化发挥春风化雨、润物无声的育人作用。

二、活动载德

没有活动，就没有教育；没有活动，也就没有有效的德育。德育的关键是培养人的德性。一个人的德性养成和知性习得不一样，如果用培养知性的方法来培养一个人的德性，用智育的方式进行德育，把德育大纲化、课程化、课堂化、讲授化、训练化、条款化、模式化，德育绝对会走入死胡同。

鲜活而有效的德育，必须渗透于各种丰富多彩、学生喜闻乐见的活动之中。活动充满着趣味性，也有很强的吸引力，学生们在广泛的参与中，身心投入，真切体验，主动接受，自觉内化，感悟领会，洗礼灵魂，既弘扬天赋，张扬个性，又提升能力，增强自信，更重要的是活动所承载的德育因子，能让学生涵养德性，铸就品质，升华人格。

三、学科涵德

学科德育是学科教学的内在规定性，也是学科教师的重要任务和使命，当然，更是学科教师必须具备的专业品质和素养。

一个学科教师能够寻找到学科德育的切入点、突破口，探索到学科育人的实现方式，并充分发挥学科独特的育人价值，不仅能够实现育人目标，而且会让教师的工作更富有意义，教育生活更富有价值。

华东师范大学叶澜教授曾说："教师若把人的培养，而不是把知识的传递，看作教育的终极目标，那么，他的工作就会不断向他的智慧、人格、能力发出挑战，成为推动他学习、思考、探索、创造的不息动力，给他的生命增添发现、成功的欢乐，自己的生命和才智也才能在为事业奉献的过程中不断获得更新与发展。"

因此，实施学科德育，必须依据各学科课程标准和德育目标，充分挖掘德育因素，精准提炼学科德育教学点，不失时机地对学生进行德育引导，为学生的品德塑造以及坚持教育的立德树人、五育并举、德育为先，贡献学科力量和智慧。

怎样在学科教学中又特别是在数学、物理、化学等理科教学中挖掘德育因素？苏霍姆林斯基曾经列举了一位数学教师运用数学来育人的例子，这对我们应该能有启发。

有人问这位公认的优秀教师，她是怎样用数学来教育人的——数学教材同道德品格似乎相距甚远。

女教师说，上数学课首先是一种劳动，我力求使学生先把我当作劳动者，同时他们自己也要有成为劳动者的愿望，要鄙视懒惰和浮躁。我努力通过严于律己的言行和积极勤恳的工作态度向学生传递信息：给他们讲授数学知识的，是一名忠实于劳动、忠实于自己崇高理想的教育者。我力求使学生形成一种相同的信念：尊重他人的劳动就是尊重他人的人格，通过自己的努力搞好学习，是每位学生的神圣职责；坐享其成、窃取别人的劳动是可耻行为，也是对自己人格的侮辱。于是这个班的学生在班级检测中，即使教师一连几个小时不在教室，也不会发生抄袭现象。

四、管理润德

学校管理的最终指向是育人，管理育人、管理润德应该成为管理的最终归宿与落脚点，通过强化管理，为德育的涵泳提供坚实的保障。

一方面坚持以学生为本的管理理念，学生的品德成长离不开情感伴随，情感是学生生命成长的动力之源，也是学生品德成长的心灵之旅。尊重学生、理解学生、关爱学生，切实将管理回归到人文的关注、人性的关切与人本的发展的教育本原上来，帮助学生成长成才，这应该是管理的前提与法则。

另一方面建立全员管理育人的组织机制，构建全员管理育人的协同联动机制，充分发挥全员管理育人的作用，实现全面育人、全过程育人、全方位育人目标。

同时健全完善一系列德育规章制度，依法办学、依章管理、依制度将德育落实落细，使学校的每个领域、每项工作的育人功能得到有效发挥。

再者注重从身边挖掘和选树榜样与典型，用身边人讲身边事，让身边人说自己事，用身边事教身边人，持续提升德育的整体水平与境界。

五、家社育德

新的时期，特别是在"双减"所带来教育范式与育人使命的变化下，学校单方面的力量在现代教育的大环境中显得非常薄弱，单靠学校"孤军作战"，已无力撑起一个完美、高质高效的德育空间，这就需要社会、家庭与学校的高度配合与联手协作。

朱永新老师曾说："理想的德育，应该在全社会形成'做人为本'的共识，建立起家庭、学校和社会三位一体的德育合力网络，使各种力量形成时空交叉影响的德育优势力量。"

因此，一方面，学校要切实加强与社会、家庭的互动和联系，努力构建学校、社会、家庭三位一体的德育网络以及大教育体系，畅通渠道，加强沟通。

另一方面要办好家长学校，开办家庭教育讲座，给家长介绍学校的办学理念以及家庭教育的目的意义、方式手段、规律经验等，在提高家长教育素质的基础上，让他们既支持理解、参与配合，在育人上同心同向，又有能力履行家长职责，承担家庭教育协同育人的使命。

同时，要充分利用丰富的社会资源，加强德育阵地建设，夯实德育的社会基础，聘请、邀请社会各界贤达人士参与教育、开展德育，提高教育的实效。

学校德育能够从这几个路径入手，不断探索，持续给力，将为时代新人成长奠定坚定的品德基石，也将为"双减"教育下的立德树人交上完美的答卷！

书香校园建设的六大误区

在聚焦核心素养，倡导全民阅读的新时期，又特别是在"双减"的当下，校园阅读已引起广泛关注和重视。无论城镇还是乡村，纷纷启动了书香校园建设。

静心审视目前中小学校书香校园建设之现状，在有声有色的"书香"背后，或许还存在不少问题，欣喜之余不免有些隐忧。

认识有误。书香校园建设作为改良教育生态的一个切入点，在不少学校进行得如火如荼，成效明显，却有一些学校按兵不动。有的认为学校就是读书的地方，校园有其固有的书香，用得着搞什么书香校园建设吗？如果执意要搞，岂不是多此一举？有的则受"应试"摆布，"分数"牵引，"成绩"左右，面对"书香校园"，唯恐"耗去精力，影响成绩""花了时间，降了分数"。

少了氛围。"书香校园建设"，顾名思义，就应该让校园书香浓郁。师生置身于书香四溢的环境和氛围中，便能自觉投入其中，涵养阅读习惯，接受阅读洗礼。然而有的学校却缺失书香氛围营造，也不注重阅读环境的打造，"平淡无味"的校园，很难点燃师生阅读的兴趣与热情。

流于形式。与之相反，有的学校在书香校园建设上可以说是大手笔，大投入，不仅有漂亮的图书室、阅览室，还有相应的咖啡书屋、温馨书吧；不仅校园里到处镌刻着阅读励志标语，而且校园里都是随手可拿的图书。环境很优，氛围特浓，却缺乏阅读的引领，缺乏阅读课程的研发，缺乏阅读活动的开展，最终只能是缺乏师生的阅读与参与。书香校园建设的目的是"读"，其承载的使命仍然是"读"，书在阅读中才有意义。如果一所学校里的师生不读、不想读、没有时间读、读不进去，那么我们建设的书香校园条件再好，书再多，书香味再浓，也只是个摆设，没有丝毫价值，甚至是劳民伤财。

趋于功利。有的学校虽然有"读"，但是阅读功利性强，学生们大多以优秀作文、写作指导、教辅读物为首选，老师们的阅读则只局限于读几本教参而已。

导向偏差。有的学校组织师生阅读，不是为了浸润熏陶、提升改变，而是为了使书香校园活动的档案资料显得丰富，有看点亮点，以备应付各级检查之所需。为此过分强调留痕，签到打卡、阅读登记、格式化摘抄、读书心得的撰写等，都让师生疲于应付，把本是快乐的事情变成了一件苦差事，把本是自己的事情弄成了一件为他人而读的事，把本是特别美好的事情异化成了一件作秀的事。

评价失衡。一些学校仍停留于分数评价阶段，认为不管书香校园建设多重要，还是分数最紧要，阅读即使有"锦上添花"之美，但无"雪中送炭"之效，"远水解不了近渴"。这样的学校对教育没有一个全面评价、综合评价，对阅读缺乏应有的过程评价、增值评价，只会让师生普遍失去阅读的内在驱力和持续动力。

书香校园建设是一个良心工程、希望工程，在这一过程中，所做出的所有努力，都要深思熟虑。

当然，摸着石头过河，出现误区在所难免，也并不可怕，可怕的是永远没有觉醒，没有改变，以至于在误区的路上渐行渐远。

我们每个教育者为此必须警惕和牢记！

"双减"离不开书香校园建设

在"双减"新常态下,为了让校园独具特色,书香四溢,以书香育人,书香校园建设已在大江南北蓬勃发展。学校本身就是读书的地方,为什么还要进行书香校园建设,建设书香校园有什么价值呢?我以为,应该有以下五个方面的价值。

文化赋能价值。文化是最好的管理,也是最有效的教育,校园文化是校园的灵魂,也是一个校园的特色所在,生机与活力所在,校园不能没有文化。

书香校园建设,作为一种重要的教育行动,看似在以学校为主体创设书香环境,为师生搭建一个读书平台,帮助师生养成良好的阅读习惯,实则又是一种校园文化的匠心创设与创建。也就是说,建设书香校园相当于在以一种独特的文化形式营造校园文化,表达校园文化,讲述校园文化,呈现校园文化的多姿多彩与曼妙芬芳,达到以文化人、以文育人的目的。

引领成长价值。我始终相信,一个喜欢读书的学生,他一定会是温文尔雅、品行端庄之人,一定会是知书达理、善解人意之人,一定会是执着坚韧、意志坚定之人,一定会是勤奋好学、不耻下问之人。

而且我还认为,读书习惯是一切习惯之母,是总习惯。一个有良好读书习惯的学生,其他习惯再坏也不可能坏到哪里去,分数再低也不可能低到哪里去,以后人生再差劲也不可能差劲到哪里去。

建设书香校园,积极营造书香弥漫的氛围,让学生亲近书籍,享受阅读,在潜移默化中,使阅读逐渐成为学生们的一种行为习惯、学习方式、生命状态之后,他们就会眼中有光、心中有梦,自然而然就会热爱上学习,喜欢上学校,他们的学习将会因书香校园而改变,他们的人生将会因阅读而丰盈。

素养提升价值。教师的阅读是最好的学习，最好的成长，最好的备课，也是最好的修行。

教师喜欢阅读，不仅能夯实他们的专业功底，提升他们的专业素质，而且能够丰富业余生活、愉悦心情、陶冶情操、涵养师德、提升个人修养和品位。

一个喜欢阅读的老师，他必定专业视野开阔，富有教育智慧，站在讲台可以纵横捭阖、信手拈来、得心应手。不仅如此，一个喜欢阅读的老师永远会心有理想，充满热情，始终以崭新的姿态和全新的面貌面对每一个教育日子。他不会苟且于教育现实，也不可能有什么职业倦怠。

而且更重要的是，喜欢阅读的老师，他们会师德高尚、师风纯正、师品浪漫，他们会受到家长的认可，学生的喜欢，社会的欢迎。

而这一切，通过书香校园建设，让教师主动拿起书本，或就能实现。

内涵发展价值。学校的内涵发展是一种相较粗放发展而言的精细发展，一种相对于传统模式发展而言的新常态发展，一种相对于只顾眼前发展而言的长足发展，一种相对于同质化发展而言的特色化发展，一种相对于只追求分数发展而言的全面质量发展。要实现这种学校的内涵发展，路径当然很多，但书香校园建设不失为一个重要抓手。

最是书香能致远。一所学校什么都可以没有，只要有供师生阅读的书籍，只要有浓郁扑鼻的书香气息，就是一所有内涵的学校，就是一所学生们喜欢的学校，就是一所能引领学生幸福地走向未来的学校。

所以我坚信，一个有内涵的学校，一定是一个书香四溢的学校。一个书香四溢的学校，一定是一个能够让师生过上快乐而幸福的教育生活的学校。

生态修复价值。当下教育的喧嚣与浮躁、功利与短视，常常让教育忘掉了常识，远离了本源，教育亟待回家，急需回归，急盼教育生态的改变。

"双减"背景下，减轻学生们作业负担和校外培训负担，学校成为教育主阵地。如何发挥学校教育主阵地作用，我想，绝不是仅停留于过去那种反复讲练、反复考试模式，也绝不是仅仅像过去那样一味拼时间、拼身体、拼分数。营建书香校园，让学生们有更多的时间在书海里徜徉，吸收营养，给减负提质以可能，给学生们未来人生奠基以期许。这既是"双减"教育新常态之应然，也是修复教育生态，给教育生态以"绿水青山"之必然。

　　认清这些价值，我想对书香校园建设就有了方向和动力，就有了坚定的信念和正确的路径选择！

什么样的"质",才是真正的"减负提质"

据说,一个校长在教师大会上振振有词:"双减"最终目标是"减负提质",这个"质"就是分数,就是学生的考试成绩;如果没有分数,如果提升不了考试成绩,"双减"就等于"白减"。

就"双减"的本身与初衷而言,减作业、减校外培训,减的是"量",但最终增的是"质",即所谓的"减负提质"。

正如素质教育不排斥分数,不排斥考试成绩一样,"双减"作为让教育回归本源,让教育回到素质教育正道的一种大政、一种手段,同样不排斥分数和考试成绩。"双减"下的"减负提质",这个"质"当然包含学生的考试成绩。

没有分数和成绩的教育一定是失败的,没有分数和成绩的"双减"也是难以服众的,更是难以向家长和社会交代的。

"双减"要以质量为导向,要与教育的高质量发展同行同向。基于此,"双减"必须重视质量,在负担不重的前提下,让孩子掌握相应的文化知识,获得应该获取的分数,拥有应该拥有的考试成绩。

但是这个"质",绝对不只是这位校长所讲的单方面的分数的提高,单一的考试成绩的提升。如若把这个"质"片面理解,仅仅窄化定义为分数和考试成绩,那么教育将继续陷入唯分数至上、凭考试成绩定成败的怪圈与泥潭。在这种观念的主导与驱动下,"双减"就会流于形式,成为花架子,或者异化成助推应试教育的一个噱头和工具。

教育的目标与使命,是立足于人,培养健全的人,给他们一生有用的东西,为他们未来幸福而美好的人生奠定坚实的基础,而不只是教会他们应试,获得"一时"的分数,"一纸"的考试成绩。

因而,"减负提质"的"质",应该是着眼于立德树人、五育并举的"质";应该是让孩子们得以全体发展、全面发展、主动发展、个性发展的"质";应该是让他们既成为"会考试"者,又成为终身学习者、责任担当者、问题解决者、运动坚持者、优雅生活者的"质";应该是全面贯彻教育方针,遵循教育规律的"质";应该是让教育得以绿色发展、公平发展、特色发展、内涵发展的"质";应该是让师生不仅在当下过上幸福的教育生活,而且能够给他们在将来留下更多美好的记忆和回味的"质"。

明白"双减"下"减负提质"的"质"到底是什么后,才能够弄清楚"双减"究竟"减"什么,"减"的同时"加"什么,"乘"什么,"除"什么,才能把学生从机械作业、重复作业、无效作业中解救出来;才能把老师从反复讲练、拼身体中解救出来;才能把学校从应试工厂中解脱出来;也才能把教育从不尽的喧嚣与浮躁、功利与焦虑、浅薄与粗放中解放出来。

更重要的是,有了"质"的正确和科学的取向,"双减"中教育理念的定位和确立,作业布置的设计与优化、课后服务的内容与形式,教育方式的转变和改良,家校的沟通与协同,才能够做到精准对标,科学对标。

只有这样,"双减"才不是盲目的,也不会走偏,"双减"才会遂其所愿,不负众望,收到预期效果。

"双减"下的学校怎样让孩子喜欢

什么样的学校是好学校？有的人会说，分数考得高的学校，是好学校；有人会觉得，家长满意的学校，是好学校；有的人会以为，社会给予认可的学校，是好学校；还有的会倾向于，那些名校就是好学校。

而我却坚持，"孩子们喜欢"是办学的根本标准，也是基本的价值取向，更是教育的最高境界。大凡孩子们喜欢的学校，才是真正的好学校。

一所学校不管罩着多少光环，拥有多少荣誉，在他人眼里有多牛，只要学生不喜欢，他们学习、生活其中，感到压抑彷徨、憋屈郁闷，那绝对称不上是好学校。

因此，办孩子们喜欢的学校，应该成为广大教育者的目标，成为扛在肩上，不遗余力、全力以赴的重要使命。

一、孩子们喜欢的学校，要有他们喜欢的环境

环境是一种教育资源，如果变得温馨、适宜，不仅能陶冶学生情操，净化学生心灵，培养学生审美情趣，而且能使学生尽情享受学习生活的乐趣，增强他们学习的幸福感。

很多地方的校园环境，不管是建筑、景观、文化、空间、内在设施、布局装饰，都是从成人的角度出发建设，完全没有学生的视角，没有考虑学生的感受，没有尊重学生的内在需求，这样的环境很难让学生产生一种认同与归属感。

校园环境从设计到建设，应该建立在了解、尊重学生内心世界的基础上，

并且让学生参与其中。比如，校园内有学生们自己亲手砌的花坛，教室里摆上学生们自己栽种的盆花，墙壁上贴上学生们自己创造的卡通画，走廊里挂有学生们自己书写的作品。

相对于那些投资巨大的商业文化景观、形式文化创设，学生们更喜欢那些在墙壁上、角落里自己参与布置与设计的东西；相对于那些伟人、名家的画像，学生们更喜欢笑脸墙上自己的笑脸；相对于满校园喷绘和生拉硬扯打造上去的文化，学生们更喜欢自己创作的也许还略显稚嫩与笨拙的作品。

因为，对融入了自己心血和情感的校园环境文化，他们会更呵护、更喜欢。

二、孩子们喜欢的学校，要有他们喜欢的书籍

这个"书籍"，当然不是指课本，而是孩子们喜欢的课本以外的书，适合他们读的书，能够让他们沉浸其中、尽情吸吮、纵情徜徉的书。

其实，学校差不多都有丰富的藏书，但是这些书往往在图书室被束之高阁。书在阅读中才有意义，才能彰显价值。

这些年我一直主张把图书室的书搬出来，搬到大厅、走廊、楼道，搬到学生眼前、身旁、手边，让书与学生随时相遇、不期而遇，让学生随手可拿，随地可取，随时可读，让校园随处可见学生们读书的身影。

潜移默化，长久以往，孩子们会养成阅读的习惯，会因阅读而改变，喜欢上读书。为此他们手中有书，眼中有光，心中有梦，便自然而然会喜欢上学习，喜欢上学校。

三、孩子们喜欢的学校，要有他们喜欢的课堂

课堂是教书育人的主要阵地，孩子们在学校里的时间差不多都是在课堂中度过的。课堂有没有温度，有没有效率，决定着学生们对课堂，甚至是对学校的喜欢程度。

孩子们喜欢的课堂，应该是有趣、有笑声，随时给学生带去惊喜和新鲜

感，让他们永远不感到厌倦的课堂；应该是善于启发、因势利导，在一个个问号与问题中开启学生心智、点燃学生智慧、唤醒学生沉睡潜能的课堂；应该是让学生成为课堂主人，让他们在主动学习、生动学习、能动学习、探究学习中学会思考、学会学习的课堂；应该是课前有期待，课中有创造，课后有回味，让学生们一直处于意犹未尽状态的课堂；应该是注重个性差异，不落下一个学生，让每个学生都有枝可依的课堂；应该是不把学生当成接受知识的容器和应试的工具，既育分又育人，为学生终身发展负责，为学生未来幸福人生奠基的课堂；应该是打开教室，开放课堂，让田间地头、山川湖泊、广袤苍穹、厂矿社区、美丽的大自然，都能够成为课堂的课堂。

四、孩子们喜欢的学校，要有他们喜欢的活动

想当年，我们在乡村学校读小学、初中，那个时候还没有社团活动的概念，但是，同学们在课间，在每天放学后，可以在一起嬉戏玩耍，滚铁环、下五子棋、扇烟盒、老鹰捉小鸡……不管成绩好的还是差的，都盼着去学校，都不愿意离开学校，都乐意在学校待，因为学校有他们喜欢的活动，有他们的伙伴。

现在有些学生讨厌上学，对学校也不喜欢，关键在于学校里的生活单调，刷题、应试，学习毫无乐趣可言。

没有活动，就没有教育。没有丰富多彩的活动，就没有学生个性的张扬，也就没有学生对学校的依恋和喜欢。把分数当作唯一的尺子，只可能把很多有着不同天赋和特长的学生丈量成差生，让他们在不自信中丧失对学习的兴趣，在抬不起头的状态下愈发讨厌学校。

架构社团组织，创设孩子们喜闻乐见的各种活动，把他们从整天只跟书本、作业、分数、名次打交道中抽离出来，让孩子们从活动中享受到学习的快乐、成长的幸福，从而保持学习热情和对学校的感情。

特别是"双减"之下所推行的课后延时服务，很多小学一、二年级的孩子在校时间都超过了十小时，如果延时服务的两个多小时，不开展兴趣活动，不组织综合性的艺体活动，如果仍然是识记知识、刷题做题……别说喜欢学

校，有可能他们对生活、对生命都会漠然视之了。

五、孩子们喜欢的学校，要有他们喜欢的老师

是不是有这种现象，孩子们喜欢某个老师就会喜欢这个老师的一切，包括喜欢这个老师所教的学科。也很显然，一个孩子会因为有他喜欢的老师，而由此喜欢这个老师所在的学校。

有调查研究显示，孩子们喜欢的老师都有这样一些特征——对学生态度友善、尊重课堂内的每一个人、有耐心、兴趣广泛、有良好的仪表、对学生公正、有幽默感、有良好的品行、能关注自己、宽容、有方法。

我以为，除了这些，一个深受孩子喜欢的老师，还应该具备这三个方面。

第一方面，有一颗童心。老师拥有一颗童心，对教育至关重要，这不但是教师最基本的素质之一，也是师生产生真情实感的基础，更是取之不尽的师爱之源。同时还是教师职业永不倦怠、教育理想永不磨灭、一颗炽热的教育心永不生锈的法宝。

教师有一颗童心，就意味着教师永远有着儿童般的爱好、儿童般的兴趣、儿童般的思维、儿童般的情趣，并能从孩子们的角度去思考一些话题，去看待这个世界。富有童心的老师，永远会受到孩子们的喜爱。

第二方面，善于建立一种新型的师生关系。这种新型的师生关系，就是一种真正的、民主的、平等的、朋友般的关系，而不是你尊我卑、戒备森严、水火不容的等级关系。有了这种新型的师生关系，师生之间就有了互相理解、互相尊重、互相依恋的情感。

苏霍姆林斯基曾说："对孩子的依恋之情，是教育修养中起决定作用的一种品质。"学生有了对老师的理解、尊重和依恋，他们对老师就会无话不说，对学习就有了一种高度的自觉。他们生怕自己学习不好，自己的行为不好，会对不起他们喜欢的老师。

第三方面，喜欢孩子。一个不喜欢孩子的老师，是很难得到孩子的喜欢的。当然，一个班几十个孩子，情况各异，参差不齐，每个孩子都要得到老师发自内心的喜欢，这也许很难，但是我们即便做不到从内心深处喜欢每一

个孩子，但是哪怕做出一个喜欢的样子，也要让孩子感受到，你在打心眼里喜欢他。这其实不是老师的虚伪、虚情假意，也不是老师的不真诚，而是一种教育方法和艺术。

能够有这五个"样儿"，这样的学校，就是孩子心目中的学园、家园、乐园、花园、田园，相信会赢得孩子们的喜欢！

"双减"下的学校特色应该怎样做

我的一贯主张是,学校不能没有特色。学校没有特色,就像人没有个性一样,终将"泯然众人矣"。

朱永新老师在他的《教育的使命》一书中,曾谈到苏州一所非常有特色的学校——苏州第六中学。这所学校原本是苏州最差的学校,学校按照他的建议,从"特色"入手,做特色教育,让学校富有特色,从而使这所最差的中学三年之后成为苏州名校。

为此,朱永新老师说:"特色,是差学校变成好学校的一个非常重要的突破口。"同时他还说:"教育的历史只会记住有特色的教育,只会记住那些有办学理念的校长,只会记住那些有办学风格的校长。"

过去我从事区域教育管理,也注重学校的特色发展。在我提倡的"六种教育"中,除了"公平教育""均衡教育""平安教育""和谐教育""实力教育"之外,还有一种"特色教育"。曾经的十多年,我不遗余力引领大家为"六种教育"而奋斗,当然也在为"特色教育""特色学校"而努力。

特色教育独具魅力,特色学校也独领风骚。那么这种"特色",应该怎样做呢?

第一,做优教育本色。所谓"教育本色",就是教育的本原、教育的本质。

教育是朴实的、朴素的,教育需要抱朴守素,需要返璞归真,需要不忘初心,不易素心。教育的本原、本质如此,教育的本色亦如此,教育的特色更如此。

我们应回到教育的原点,回到教育出发的地方。不能因为追求鲜明的特色，而将教育置于喧嚣与浮躁、光鲜与作秀的尴尬；不能为了教育所谓的特色，而去劳民伤财，搞一些花里胡哨的东西，让教育失去应有的真，应有的本义，应有的美好。

我们生成学校特色，一定要立足学校实际，因地制宜，因校制宜，从优势出发，从孩子的成长出发，用教育的本色去体现教育的特色；一定要坚持不同的学校要有不同的着力点，不同的范式、不同的风格，殊途同归，最后要共同指向立德树人，五育并举，个性彰显，全面发展；一定要反对形式主义，绝不能为了标新立异而生搬硬套、故弄玄虚。

教育的本色与特色是相辅相成的，只有做优教育本色，才能凸显教育特色。

要知道，丢了本色，何来特色？要明白，没有本色，特色是何物？要懂得，离开了本色，特色有何用？

第二，做足文化亮色。学校是传播文化的主阵地，也是文化的媒介与载体。文化是学校的根基，是学校的灵魂，是学校发展的力量源泉，更是重要的教育方式和管理手段。

文化，以文教人，以文化人，以文育人，文化是最好的教育。

管理有三重境界，即人的管理、制度的管理、文化的管理，只有用文化来管理才能达到无为而治的管理境界，因而文化也是最好的管理。

一所学校，有了师生认同的学校文化，就能够产生共同的目标，形成共同的愿景，凝聚共同的价值取向和追求，就能够达成"随风潜入夜，润物细无声"的教育效果，实现"无为而治""无为胜有为"的管理妙趣。

可以说，学校有文化，教师才有气质，校园才有活力，管理才有动力，教育才有伟大的未来。

苏霍姆林斯基说："学校应该成为人民的精神圣地。一所没有文化的学校，怎么为学生的精神成长提供养料？没有精神的健康成长，一个人怎么成为社会合格的公民？"

因此，构建学校的特色，不能没有学校的文化，也不能忽视学校的文化。学校的特色必须在学校这个"大调色板"上浓墨重彩，调上文化的色彩，让学校散发文化的光芒，让教育流淌文化的血液。

我相信，文化决定一所学校品质之优劣，也决定一所学校特色之高下。一所学校没有文化的基因，很难有学校特色；没有文化的弥漫，更难有学校特色的灿烂。

第三，做强学科成色。积淀学校特色，应该和有效课堂的生成结合起来，也就是立足于学科成色来积淀学校特色。

我曾看到这样一篇文章，题目就叫《基于学科特色的学校特色建设》，其中列举了《新闻周刊》评出的全球十所最有特色的学校。比如新西兰特卡波湖学校注重学生阅读能力的培养，意大利迪亚纳学校的学前教育，荷兰格雷达莫斯学校的数学教学，荷兰埃克纳顿学校的外语教学等。这十所世界名校，有四所学校的特色直接来源于学科课程。

事实上，"双减"不是"放水"，不是"不学习"，而是提质增效，提高教育教学质量。可以说"双减"之后的学校教育迎来了更大的挑战。要迎接这一挑战，要破解这一密码，不二的法宝显然是做好学科教学，让学科教学在有效、有用、有趣的应有成色中有特色。

在众多的学校特色中，我认为基于学科成色的学校特色更具生命力。因为它有课堂实施平台，具有保障性；它面向全体学生，具有广泛性；它投入资金少，具有经济性；它关注解决的是学生学习质量的提升，具有实用性；它符合社会、家长、学生们的需求以及"双减"大政的需要，具有很强的实用性；它从教师、学生中来，植根于学校内部的土壤，利于生根发芽；它激发了教师的生命活力，激活了教师创造的源泉，具有很强的创造性。

第四，做好教师底色。没有教师的发展，就没有学校的发展；没有教师的底色，也就没有学校的特色。为一所学校的教师涂上厚重的生命底色，实际上便是为一所学校赋予了鲜明而能动的精神特色。

教师的底色反映在哪？就是按照"四有"的要求，围绕"有理想信念、有道德情操、有扎实知识、有仁爱之心"的好老师的标准，为教师生命着色，为教师成长赋能，为学校的发展造就一支师德高尚、业务精湛、结构合理、充满活力的高素质、专业化教师队伍。

学校的教师有了生命的底色，就有了对学生的一份爱心，一份细心，一份责任心，一份宽容之心；就有了对教育的一份宁静，一份纯粹，一份投入，一份浓浓之情；就有了学校发展取之不尽、用之不竭的动力之源，当然，学校也就有了最大的特色。

我想，一所学校能从这四个方面去体现特色、表达特色、突出特色，便能够挺拔于世，经得起时间的检验！

第五辑

「双减」下的「同频共振」

"双减"下，对高考更应多一些理性

看到标题，有人可能会质疑，"双减"是针对义务教育阶段，减轻义务教育阶段学生的作业负担和校外培训负担，与高考无关，为什么要对高考多一些理性？

殊不知，教育的内卷，家长的焦虑，义务教育阶段学生的过重负担，从某种角度上讲，都是许多人认为的一考定终身的高考带来的。

其实，对义务教育阶段学生的减负，从优化作业布置，从控制校外学科培训上做出相应努力，确实能够收到效果，从各种渠道所反馈的，现在的孩子玩耍的时间不是变多了吗？基本的睡眠时间不是有保证了吗？孩子们的学习不是又回到学校的主阵地了吗？但是要彻底消除教育的内卷和家长的焦虑，彻底实现对中小学生的减负，特别是让教育回归到应有的方向，回归到应有的美好，必须全方位推进高考制度改革。

不管怎么说，高考在过去的40多年里，为国家选拔培养了一大批人才，可以说，没有高考，就没有当下社会的发展和日新月异，无数人也通过高考改变了命运；没有高考制度的恢复，也就没有很多人人生梦想的实现。

高考折射出的是教育之光，投下去的是时代之影，我们完全有理由相信，高考会随社会的发展而不断变革，不断创新。

在高考制度的改革还没有探索出最优方案时，我们完全可以对高考多些理性。

一方面，对备考要多些理性。有高考存在，就必然有应试，其实，就即或是没有高考，也同样有应试。司法考试、职业会计师考试、公务员考试、教师资格证考试、教师招考考试，哪一行考取资格，哪一行入职，不需要应试？应试作为一种能力，应该是素质教育的应有之义。素质教育有应试，素质教育需要应试，素质教育从不排斥应试。

但是，我们完全可以让高考下的应试教育不再走极端，完全可以让高考下的应试教育变得理性而深刻、温馨而又富有人性、贴切而又彰显人文。

比如，我们可以重视分数，但不唯分数；可以追逐分数，但必须取之有道；可以给予学生分数，但更应给予他们一生更有用的东西；可以让学生成为分数拥有者，但更应该培养学生成为终生学习者、责任担当者、问题解决者、坚持运动者和优雅生活者；可以让学生懂得勤奋吃苦，学会奋斗，自强不息，但绝不能靠拼时间、拼身体、死整蛮干，以牺牲他们的身心为代价；可以提升应试能力，让学生能科学应试，但绝不能把学生训练成一台台应试机器。

其实，高考不是人生的全部，它只是人生的一个小站。衡量一个人的人生作为，除了高考，还有其他多种选择，还有其他更合适的成长与成才路径，所谓三百六十行，行行出状元。

很多人即或赢在高考，却并不一定能够赢得人生；不少人虽然输在高考，最终却有可能成就辉煌。因而对备考要遵循规律、捍卫规律，不能抛弃规律。

另一方面，对这场考试要多些理性。一年一度的高考，作为国家的大考，也是学生人生的一次大考，很重要，也很关键，我们对高考重视，全社会为高考让路，各行各业为高考服务，本在情理之中，无可厚非。但任何事，都有一个度，太过了，会适得其反。如果为了应对这场考试，影响社会生活秩序，触及法制道德，那就匪夷所思了。

诸如晚上十一点后不准邻居冲洗马桶，担心冲水声干扰孩子；担心电梯噪音影响孩子休息，擅自停运电梯，让几十户高楼层居民气喘吁吁地爬楼梯。

诸如为学生发钱减压，陪孩子打麻将减压，让孩子撕书烧书减压。

诸如让男老师穿上花里胡哨的旗袍"走台"，图个"旗开得胜"；让全场的人举着向日葵，昭示"一举夺魁"；在教室门上挂上"粽子"，想的是"一举高中"；让全校几千学生聚在一起"喊楼"……

说白了，高考就是一次考试，一次说重要也重要，说不重要也不重要的考试。其实人生有多种可能性，决定人生的并不只是这一场考试，这一场考试也决定不了一个人所有的未来。

要让考生放平心态，平心静气地面对，沉着冷静地正常发挥，我们就应该先有一颗平常心，有一种平常行。不然，在这种光怪陆离中，只会让人们失去教育初心，违背教育初衷，让应试教育愈演愈烈。

特别是在"双减"下，这种对一场考试的过度渲染，只能助长人们对高考的趋之若鹜，或者再说透，那就是让教育的内卷更"卷"，家长的焦虑更重。

有一天，当分数不再是唯一的学习目的，备考不再是教育的全部，高考不再是人生唯一的机会，参加高考不过是一件再平常不过的事时，即使没有"双减"，孩子们的负担也会不减而减！

"塌陷"的县中何以崛起

有资料显示，中国现有的2800多个县级行政区划所举办的高中，容纳了全国近60%的高中学生，可以说，县中是普通高中教育赖以生存的基础，也是中国教育最亮丽的底色。

然而，这些年来，生源的可流动性以及人为展开的生源大战、恶性竞争，炮制并衍生出一个个"超级中学"。这种教育的怪胎，犹如一头头张着血盆大口的猛兽，不择手段，层层掐尖，层层抽血，疯狂"虹吸"，掏空县中，让不少县中处于"塌陷"地带。

"一所学校站起来，一片学校倒下去"，这是人们对当前"超级中学"崛起、县中日益衰落的形象描述。

最近，教育部、国家发展改革委等九部门印发《"十四五"县域普通高中发展提升行动计划》，民心所向的"县中振兴"被列入议事日程，上升到国家高度。

"县中振兴"，首先必须下决心规范招生秩序。众所周知，"超级中学"的做大做强，最大的法宝与利器就是掠夺生源，有好生源，就会有好成绩，有好成绩，就能吸引更多的生源，收更多的费，挖抢到更多的好师资。马太效应下，"超级中学"只会越来越强，成为高考"巨无霸"，而县中只会雪上加霜，越来越弱。

自然界中有一种速生树种叫巨尾桉，它的根系特别发达，延伸范围很广，在生长过程中会大肆吸收周边的水分和营养。而巨尾桉的"一株独大"，会造成方圆数公里土壤干燥贫瘠，寸草不生，形成一大片荒芜之地。

犹如巨尾桉一样的"超级中学"，对教育资源的高度垄断，所创造的"教育奇迹",书写的"教育神话",最终都是以牺牲周边学校的利益和区域教育的均衡发展,特别是以县中的完全"塌陷"作为沉重的代价。

我以为,下决心规范招生秩序,除了不折不扣落实《县中提升计划》中提出的"坚决杜绝违规跨区域掐尖招生,防止生源过度流失"外,各省市还应出台具体细则,明确所有公办、民办学校的招生录取均以学生中考成绩为依据,一律不得举行自主招生考试,一律不得跨市(州)掐尖招生、提前招生,防止恶性竞争,维护正常的招生秩序。而且必须强化教育督导职责,加大问责力度,既对有违规招生的学校问责,又要追究不履行监管职责的地方政府的责任。

其次必须增强县中"造血"功能。与优质生源流失相伴随的是优秀教师的流失,这是一些地方的县中走向衰败的又一个原因。

近日教育部明确要求,严禁发达地区、城区学校到薄弱地区、县中抢挖优秀校长和教师。教育部罕见力挺县中,这固然是一件利好的事,但是"人心思上""水往高处流",既是人之常情,也是不能限制的自主选择,更是人才流动的法则与趋势。即使发达地区、城区学校做到了不到县中抢挖优秀校长和教师,县中校长和教师完全有可能"投怀送抱"。

因此,应该从治本的方面,加大对县中的资源配置与投入,重建县中教育生态,用环境留人;为县中的校长和教师搭建专业成长的平台,创造良好的事业发展空间,用事业留人;健全县中教师激励机制,尽可能提高收入水平,充分调动教师积极性和主动性,用待遇留人;尊师敬教,排忧解难,关爱善待,尽量减少和避免非教学任务给老师们的摊派,让教师收获应有的温暖与尊严,用情感留人。

最后必须创新办学机制。一些县中长期陷入本地权利结构与复杂的人际关系,一直处于僵化状态,完全可以凭借机制创新,吸纳资源,搅动死水,让其绝处逢生。

目前最有效的策略,就是托管。也就是通过论证评估、考核竞标,引入具有先进教学理念和办学思想、具备科学管理经验与智慧的团队,依照合同约定的权利与义务,让其拥有充分的办学自主权;对学校实施包括人、财、物的全面管理,将"鲇鱼"放入县中,把市场化激励模式带入近乎休眠状态的县中，为原本闭塞的县中搭建一座通向优质教育的桥梁；打破固化的权利结构和人际关系怪圈，为学校发展以及教育生态的改变赋能，让衰败中的县中走出困境，让当地民众重新认识县中，看到县中发展的未来与希望。

同时必须健全评价体系。振兴县中，关键在于激发办学活力，让学校立足于立德树人、五育并举、全面发展、个性彰显，着眼于办出特色，给学生完整的高中教育；让学生都能够成为合格的公民和对社会有用的人，而不是一味追求升学率。

最近教育部印发的《普通高中学校办学质量评价指南》，提出要遵循教育规律和人才成长规律，加快建立以发展素质教育为导向的普通高中学校办学质量评价体系。当务之急就是要通过综合评价、过程评价、全面评价、增值评价，促进教学观念与教学体系的全面转变，引领县中内涵发展、科学发展、持续发展、绿色发展、多元化发展，着力培育县中良性的生态。不然，仍以分数论英雄，以考试为法宝，重蹈"应试"覆辙，片面追求升学和成绩的"崛起"，为应试而拼杀出来的"振兴"，只能带偏县中，让县中在应试的路上越走越逼仄。

当然，县中的发展不是一座孤岛，县中的发展不可能脱离全县义务教育的基本发展而独善其身。县中要触摸更高的"天花板"，县域内的幼儿教育、小学教育、初中教育，也包括职业教育，必须齐头并进、整体推进，夯基才能垒台，筑底才能成势。

振兴县中，人人有责。振兴县中，我们应该勇于担责。为县中"振兴"付出的每一点滴，都是无量功德！

"绿领巾"和"黑榜"

曾经到过一所学校,课间休息,满校园的孩子欢呼雀跃,活蹦乱跳,鲜红的红领巾在胸前飘荡,把一张张笑脸映衬得更加灿烂。

然而在这些笑脸中,却有那么几张"愁眉苦脸",在胸前"飘红"的主色调下,他们的胸前却泛着"绿"。定睛一看,原来他们系的是"绿领巾"。

我正在困惑,校长走上前来给我解释:"我们学校成绩好的学生戴红领巾,成绩差的,考倒数的就戴绿领巾。"

校长生怕我不明白他的良苦用心,继续补充道:"其初衷是鼓励成绩好的学生,百尺竿头,更进一步;激励成绩差的学生,卧薪尝胆,不甘落后,迎头赶上。"

我不禁感慨,中国哪缺乏创新人才呢?这么独具匠心、富有创意的"狠招"都想得出来。

在感慨的同时,顿生悲凉。历史的车轮滚滚向前,社会的不断进步,教育的持续发展,竟还有如此对待"差生"之伎俩。

孩子个性有差异,有的擅长考试,有的却不善于考试。有考试,有排名,肯定有前几名,也绝对有后几位。正视差异,接纳慢、包容慢、尊重慢,"牵着一只蜗牛散步",这是教育永恒的规律与法则。更何况,那些不善于考试的孩子,有可能在其他方面有着独特的天赋和特长。

给差生戴"绿领巾",无异于大张旗鼓贴"标签"。一个颜色的变化,会在孩子心中蒙上浓厚的雾霾,会浇灭他们内心深处或许还留存的自信,会泯灭掉他们独特的个性禀赋,甚至让他们永远抬不起头。可以想象,这种伤害,会给他们未来的人生带去多少阴影与不幸。

无独有偶，也就在前不久，在某校召开的春季学期教育工作会上，8名教师因其任教学科在全县期末统测中排名倒数，其中初中教师3人、小学教师5人，被给予"黑榜"警告，按照相关说法，此举亦是为了激励和警醒老师。

不容置疑的一个事实是，不管老师如何起早贪黑，如何蜡炬成灰、春蚕到死，正如学生成绩排名一样，教师有前三位，也就必然有后三名。

用"黑榜"的方式激励和警醒教师，且不说明目张胆违背国家的法律法规，特别是在当前"双减"的背景下，国家文件三令五申，明确要求"禁止考试排名等行为，考试成绩呈现实行等级制，坚决克服唯分数的倾向"；也且不说这一简单化、粗糙化甚至幼稚化的管理方式，怎样暴露出赤裸裸的唯分数是从、唯成绩论英雄的教育观，怎样缺乏对教育规律的应有遵循，对教育常识的应有敬畏；更且不说在全国上下尊师敬教的今天，单就这一有违人性的做法，让老师颜面扫地，给教师带来有形与无形的伤害，让这些老师今后情何以堪，何以为师，如何再从容地站上讲台，如何再自信地面对他的同事，面对他的学生，面对学生的家长，面对纷繁的社会，面对他今后漫长而可期的人生？"黑榜"的梦魇将缠绕于身，令人心惊胆战，终日挥之不去。

教育是农业，不是工业，是慢的艺术，也是人的事业，更是一个复杂而系统的工程，不是用一个"分数"就能够机械地定性与定义的。如果盲目用工业思维、产品尺度去丈量，那是要出问题的。

其实，这些上"黑榜"的老师，不一定全是不负责任的老师，有可能班级学生基础差，有可能考试发挥不正常，还可能是教师专业能力和水平还不够。如果是前两方面原因，这样对待老师，显然失之公允；如果是后者，更不能一棍子打死，应该给他们提供一些学习培训的机会，鼓励他们自我加压，不断充电，使专业得以成长。

即或这些教师工作马虎，缺乏敬业精神，我以为也不能以"黑榜"示众。在这个时候，我们或者能对老师晓之以理、动之以情，帮助他们端正职业态度，涵养职业品质；或者反思自己是不是工作不到位，没有给老师们营造出一个好的工作环境，没有营建出一种有利于教师教书育人的良好氛围，没有充分调动起教师工作的积极性和主动性。

我经常说，那些智慧而理性的老农，在面对庄稼禾苗长势不好时，他不会在那里责怪怒骂庄稼禾苗，当然，更不会让庄稼禾苗上"黑榜"。他会反思自己，是不是土壤不合适，肥料没用够，锄草不到位，浇水打了折扣。

"绿领巾"可悲，"黑榜"可笑！"双减"下，教育在逐渐回归本原，愿这样的"绿领巾"与"黑榜"，今后不再有！

乡村学校究竟需不需要课后服务？

就乡村学校课后服务相关话题，我曾接受过《中国教育报》记者焦以璇的电话采访。

之前《中国教育报》微信公众号对乡村学校课后服务情况进行了问卷调查。调查显示，67%的家长认为乡村学校需要课后服务，其中45%表示非常需要，但也有一部分家长认为乡村学校多是留守儿童，接送需求不大，不需要课后服务。

当小焦问我对这个问题的看法时，我说，乡村学校目前有两种常态，一是寄宿制，二是学生走读。对于寄宿制，学生差不多星期天下午到校，星期五下午家长接孩子回家，按理说不存在课后服务的问题。

我谈到阆中乡村学校过去的情况。十四五年前，阆中的乡村学校完全实行了寄宿制，那个时候，每个乡村学校都开设了众多学生喜欢的社团，一到下午3点钟，孩子们飞出教室，像快乐的鸟儿，都参加到他们喜欢的社团中，全身心地投入，尽情地释放天性，整个校园到处都是孩子们灿烂的笑脸，灵动的身影，说"快乐和幸福在校园里荡漾弥漫"，一点都不为过。

而且那时候教师没有一分钱报酬，老师们作为相应社团的指导老师，和孩子们在一起，共同参与，一起成长。在活动中，不仅构建了一种良好的师生关系，而且老师们的专业也得到发展，更重要的是，老师们由此还涵养了一颗童心，远离了职业的倦怠。

对于晚自习，那个时候我们就要求老师不讲新课，不布置书面作业，让孩子们看看电视，参加参加阅读活动或者主题班会。孩子们在学校里享受到了快乐的时光，也由此爱上了学校和学习。不少孩子星期天还没到返校时间，便催着爷爷、奶奶送他们到学校去。星期五爷爷、奶奶在校门外接他们回家，一些孩子却依依不舍，不愿离开学校。因为学校有他们喜欢的活动，有他们的伙伴。

这岂止是"课后服务"，这完全超越了"课后服务"。师生们生命依偎，生龙活虎，生动活泼，其乐融融，绘成了乡村学校一幅幅美好的教育画卷。

而如今，课后服务兴起，差不多乡村寄宿制学校也都搞起了所谓的课后服务，却有点不伦不类了。

乡村学校的走读生，通常都是结伴同行，或者由爷爷、奶奶按时接送。这与城市学校大部分父母都是上班一族，没有人接孩子，而且车辆多，家长和学校不放心的情况完全不同。

如果乡村学校也像城镇学校那样，一刀切搞课后服务，孩子在课后服务后很晚才回家，相反会带来很大的安全隐患。毕竟乡村路况复杂，而山区孩子还要跋山涉水。又特别是近些年来，随着一些地方布局调整和小规模学校的撤并，农村孩子上下学的半径增加了，路途一般都比较遥远。

至于有相当一部分乡村孩子家长提出需要甚至非常需要课后服务，我以为，这是因为在当下农村，有条件的家庭的孩子都到县城学校或者私立学校上学了，留在乡村的差不多都是家境比较差的。这些孩子的父母都常年在外打工，孩子一般都交给年迈的爷爷和奶奶照看。农村的爷爷奶奶往往文化水平低，既没有足够的精力照管孩子，也没有相应的文化能力指导孩子学习。他们希望开展课后服务，让孩子在学校老师的监管下，一方面按时完成作业，另一方面也期待能养成一个相对良好的学习习惯，不至于回到家里就是看电视或者玩手机。

既然如此，对于乡村课后服务我们就应该本着实际情况，避免"一窝蜂"和"一刀切"。一是在孩子的参加与否上，要充分征求家长意见，不能"一窝蜂"；二是在课后服务的时间上，要根据孩子回家路途的远近情况而定，宜长则长，宜短则短，不能在课后服务时间上搞"一刀切"。

其实，乡村孩子放学后，有相对充足的时间。背着小书包，三五结队，呼朋引伴，一路蹦蹦跳跳，打打闹闹，尽情嬉戏，欢歌笑语，这既能给乡村孩子一个快乐的童年，又能成为乡村一道亮丽的风景，让乡村充满活力和希望。

孩子回到家，还可以做点家务，甚至到田间地头，帮助家里干点农活，学点书本以外的知识，从身心灵上获得一些鲜活的认知。这实际上就是最好的课后服务，而且是最好的课后自我服务。

想到我们那样的年代，在放学的路上爬树掏鸟窝，上山寻野果，下河捉鱼捕虾……留下了童年的美好，也留下了一生的回味。

我以为，一个乡村孩子，在他那样的年龄，没有这些经历，没有这种"野性"，你能说他有一个完整的童年？他今后会有一个完整的人生吗？

我们说教育要回归，回归原点，回归常识，回归本真；我们还说孩子要解放，解放孩子的大脑、眼睛、嘴巴、双手、时间和空间……成天把孩子囚禁在教室和校园，让孩子成为林中小鸟、笼中小兽，教育能够回归、孩子能够解放吗？

小焦问到乡村学校开展课后服务应该如何更好地挖掘乡土资源，我认为乡村学校应本着家长自愿的原则，家长确实需要课后服务的，除了作业辅导答疑外，还要开设素质拓展课程。而且乡村学校的素质拓展课程应该充分结合本地实际，挖掘一些乡土文化、民间艺术、民俗活动作为乡土特色课程，让其进校园，进入课后服务。让孩子们在参与这些具有浓郁乡土气息的活动中留下乡音，记住乡愁，扎下乡根，同时传承和弘扬好乡村文化。

当下乡村教育最大的一个问题，就是高度复制城市教育，连课后服务都照搬照抄，其结果让我们所培养的乡村孩子对乡村产生不了认同感，一个个看不起乡村，都疏远乡村，而且纷纷逃离乡村，这其实是很可怕的。

真正的乡村振兴还在于乡村教育，还在于乡村教育能够培养出一批批对这一片土地有深厚情感的人。他们能够记住乡村，扎根乡村，乐于建设乡村，改变乡村。

而且更为重要的是，乡村学校一般师资短缺，特别是音体美等教师特别紧缺。如果我们在课后服务中能够更多地体现和利用乡土资源，开设一些具有乡土味的拓展性活动，则能够有效缓解课后服务艺体师资紧缺的问题。

比如像滚铁环、打陀螺、跳大绳、踩高跷、下五子棋、抓子儿、荡秋千、跳房子、老鹰捉小鸡，这些拓展活动，孩子们既喜欢，又有乡土气息，而且还不存在缺指导老师的问题。对于这些乡土活动，谁个当年没参与，谁个不喜欢？相信每个老师都能够参与指导，说不定他们在指导中，还能够勾起对儿时的温馨回味。

小焦又问到乡村学校应该如何加强课后服务师资力量，我说，素质拓展活动，没有高大上，只要孩子喜欢就行。像滚铁环、打陀螺之类的活动，完全可以不考虑师资的问题。而对于专业性比较强的民间艺术、民俗活动，如果学校老师难以胜任，完全可以从本土、民间聘请乡贤艺人、非遗传承人，以及具有资质与特长的志愿者。

课后服务政策，从国家层面来看，是形势所需，但是我们在执行时，必须顾及实际，绝不能盲目跟风。课后服务能不能因时因地，变通灵活，有效执行，更考量着教育者的担当与智慧！

落实"双减",切莫"一刀切"

"双减"政策,通过减轻学生的作业负担和课外培训负担,让教育回归公平,回归公益,回归秩序,回归学校主体,回归育人的本位,这应该是大好事。但如果在执行过程中,不分青红皂白,过于强调形式,用工业化的思维做教育,搞"一刀切",那就偏离了教育本质,不仅收不到应有的"双减"效果,还可能让教育离"真"的方向越来越远。

一、时间"一刀切"

执行"双减"规定,为了保证孩子有充足的睡眠,一些地区建议学校不早于某个时间上课;为了学生不再奔波于课外辅导班,也为了方便家长接孩子,一些地方建议学校提供课后服务,不晚于某个时间放学。

这本是一个好建议,可一些学校在执行的时候,却变成了"一刀切"的规定。学生必须在早上某个时间之后才能到校,有的家长为了兼顾自己的上班时间,不得不提前一点时间把孩子送到学校,但有的学校竟然机械地执行到点开门,到早了的孩子,因为不开校门而进不了校园,只能在校门外等着。

课后服务也必须在晚上某个时间之后才能统一放学,即使家长能够正常接孩子,能够早接孩子,那也一律不行。这种"一刀切"一方面造成一些家长对课后服务的抵触,另一方面因为学生放学与家长下班时间高度吻合,加剧了晚高峰的交通拥堵。

二、作业"一刀切"

"双减"的一个重要内容就是切实减轻学生的作业负担。为此,教育部印发了《关于加强义务教育学校作业管理的通知》,强调要严格控制书面作业总量,并区别不同学段和年级做出了具体时间要求。学校要确保小学一二年级不布置书面家庭作业,可在校内安排适当巩固练习;小学其他年级每天书面作业完成时间平均不超过60分钟;初中每天书面作业完成时间平均不超过90分钟。

这本来是很好的规定,但是有的学校和老师却同样搞成了"一刀切",说"小学一二年级不布置书面家庭作业",于是连任何作业都不布置。这些娃娃放学回家后,一点作业都没有,孩子当然可以大玩特玩,但是古人所说的"学而时习之,不亦乐乎",这种学习的真谛又怎样体现和实现呢?

我们虽然不能给孩子布置书面家庭作业,但是完全可以给孩子布置一些适合他们的家庭作业。比如让孩子读读绘本,做做简单手工,帮父母干干力所能及的家务,参加一项适合孩子的体育运动,观察某种小动物的生活习性与天气的变化,等等。这些作业也有可能会花费孩子的一些时间,但这是孩子们喜欢的"作业"呀,孩子们做他们喜欢的"作业",肯定不会觉得是负担。

相反,在完成这些作业的过程中,还能开启孩子们的想象,呵护他们的天性,发展他们的关键能力和核心素养,这一切,将成为陪伴他们一生有用的东西。

至于小学其他年级和初中,虽然有了完成书面作业的限制,但是有的学校和老师一味注重作业"量"的减少和作业时间的把控,却忽视了作业的精选精练、优化设计,忽视作业的分层管理、弹性布置,忽视孩子的个体差异、需求不同。

每个学生都要有适合自己的学习方法、学习内容,都应有适合自己的作业进行"靶向"练习。这种"一刀切"的作业,看似降低了作业负担,却不利于教育的科学减负、学生的个性化发展。

三、考试"一刀切"

考试是义务教育阶段学生学业负担重的重要来源之一,于是教育部发文明确,小学一二年级不进行纸笔考试,义务教育其他年级由学校每学期组织一次期末考试,初中年级从不同学科的实际出发,可适当安排一次期中考试。

文件中规定的"小学一二年级不进行纸笔考试",但并不意味着不可以进行更具趣味性的考试,更富情境性的考核,更有挑战性的考查。

但是有的地方和学校一说到不进行纸笔考试,也搞起了"一刀切",连基本的考核、直观的考查都取消了,趣味性的考试当然更没有了。这样"走向极端"的做法,怎么了解孩子的学习情况,怎样把握教师的教学动态,怎样调动孩子学习的积极性,怎样建构一种互动而良好的学习氛围?

前些年,阆中取消小学低学段纸笔考试,我们要求学校将语文、数学、音乐、体育、美术等学科以游戏的形式,设置若干个情景式关卡,让孩子通过游戏过关的方式,在考核他们对知识简单认知的同时,更重要的是考查他们合作的意识、习惯的养成、品德的涵养、想象力的开启等方面。

孩子的考试变成了真实的游戏场,孩子手中的试卷变成了有趣的游戏关卡,这既达成了"考试"的目的,又让孩子觉得好玩有趣,还在好玩有趣中,创设了更多参与学习的机会,使孩子们学习到了更多课本之外的知识。

四、课后服务"一刀切"

"双减"下要求学校提供课后服务,但前提是家长自愿。家长可以根据自己孩子的年龄阶段、身体状况、兴趣特长、家庭条件,有选择性地参加,并不是一定要求每个学生每天都必须参加课后服务。

至于老师参与课后服务,也要根据老师日常的工作量、年龄特征、个人爱好、身体情况、家庭实际,合理安排教师课后服务的任务。

还有课后服务的形式与内容,也不只是简单地把学生关在学校里,学校和老师只是负责课后的看护,只是在两个小时的时间内看住学生,不出安全问题，眼巴巴地等着家长接孩子。

可有的学校在课后服务中却采取"一刀切"的方式，一方面不顾家长的意愿和需求，也不考虑学生的承受能力和需要，强制要求所有学生都必须参加。另一方面也不考虑教师的现实困难与压力，给每一个老师平分任务，要求所有老师都必须承担课后服务。

现实中，有的老师身体差，患有多种疾病；有的教师年龄大，即将退休，体力、精力不支，他们很难每天在学校撑下十多个小时；还有的教师，上有老下有小，家庭具体问题多，他们或许迫于无奈能够勉强承担，却有可能因工作与生活的冲突，带来身心俱疲，难以为继的后果。

学校必须从人性出发，加以通盘考量，统筹兼顾。针对课后服务师资紧缺的问题，学校完全可以通过筛选，在当地动员和选取校外一部分热爱教育事业且有一技之长的志愿者，具有资质的专业人士、能工巧匠、非遗传承人参与课后服务。

在课后服务的内容与形式上，除了辅导学生作业，解答学生疑难外，更重要的是有效整合校内、校外教育资源。在课后服务中组织开展有利于学生全面发展和培养兴趣特长的社团、阅读、体育运动和艺术活动，因地制宜地组织学生就近到社区活动中心、少年宫、科技馆等场所，开展各类参观、训练、体验等，努力使课后服务真正成为孩子健康成长的"充电桩""能量棒""大舞台"。

在课后服务上，还有一点值得注意，那就是有的整个县区，为了方便管理，农村与城市学校统一实施。这种农村学校课后服务与城市学校完全一样的做法，会带来很多弊端。

城市学校大部分父母都是上班一族，接送孩子的问题，是紧迫的现实问题，课后延时服务或许是解决这一问题相对来说比较好的选择。而农村学校大部分孩子父母都外出打工，孩子上下学大部分由爷爷奶奶接送。前些年，随着一些地方布局的调整和小规模学校的撤并，农村孩子上下学的半径增加了，路程一般都比较远，如果农村学校也来个像城市学校"一刀切"的课后服务，农村孩子回家便有可能非常不方便，甚至是一件很危险的事。特别是到了秋、冬天，日短夜长，如果农村孩子要等到课后服务五点半、六点才放学,那时天已经全黑了,不管是平原还是山区地带,都不可避免地会存在诸多安全隐患。

"双减"的初衷是给孩子和家长减负,给教师解压,给教育提质,如果在"双减"中搞"一刀切",则只能弄巧成拙,适得其反,并制造新的焦虑。

把"双减"的好经念好,是我们每一个教育人都应该有的使命和担当!

我为"小学一二年级不进行纸笔考试"举双手！

教育部办公厅下发了《关于加强义务教育学校考试管理的通知》，对考试功能、考试次数、命题管理、考试结果运用、过程评价完善等做出了明确的界定和要求，这对于深入贯彻落实中央关于教育评价改革和"双减"工作部署要求，严格规范学校教育教学行为，切实降低学生考试压力，促进学生全面发展健康成长，将产生积极的作用和影响。特别是对"小学一二年级不进行纸笔考试"这一减负新政，我更为之叫好，举双手赞成！

教育的"内卷"，已经"卷"到了幼儿园。一些幼儿园，过早地教幼儿拼音、识字、算术、奥数，背唐诗，记英语单词，甚至有的地方还要进行幼升小衔接考试，导致一些地方幼儿教育小学化倾向日益严重。

不少小学，更是有写不完的作业，刷不完的题，考不完的试。有的地方小学一二年级除了期中考试、期末考试，还有周考、月考、段考、单元考、模拟考、过关考。过多的书面作业、过于频繁的纸笔考试、过重的学习负担，压得这些年龄幼小的孩子抬不起头，喘不过气。

我以为，幼儿、小学生，特别是小学一二年级学生，应根据他们的身心发展规律和认知特点，教育偏重于学习兴趣的激发和良好学习习惯的培养。在教育教学中应该尽可能给他们营造出一个童话般的世界，让幼儿、儿童在五彩斑斓的童话般的世界里，通过讲故事、听童话、看绘本、玩游戏，接受简单知识、认知的同时，开启他们的想象，丰富他们的心智，点燃他们学习兴趣的火花，培养他们的合作意识和良好的习惯。

为此我一直主张，幼儿教育不但不能小学化，小学教育特别是小学低段，还要幼儿化。

过去我从事区域教育管理，我们便在阆中市做出硬性规定，小学三年级以下取消纸笔考试。

取消纸笔考试，不是意味着不教学，不进行基本知识的传授，而是提倡以更符合孩子发育水平的教育方式，让孩子在轻松愉悦的环境下快乐地学习；也不是不考试，而是用考核代替考试，以更符合孩子身心特点的考试方式，让孩子在没有压力的状态下进行"乐考"，实现"寓考于乐"。

在实际操作中，对小学低段的考核，我们把一道道考题设计成闯关游戏和情景模拟，诸如"趣味语文""拼音天地""数学王国""运动展台""音乐茶座""涂鸦馆""生活麻辣烫""品德碰碰碰"等，让孩子以"游园式""体验式"的方式参与，在玩中学，在玩中考，在玩中了解和掌握孩子的知识积累、个性特长、习惯养成、合作意识、行为品质等。

这样的考核方式，不仅同样能了解和掌握孩子们平时的学习情况，而且让孩子们考得开心，还能充分激发起他们浓厚的学习兴趣，让他们平时学得也开心。

更重要的是，通过考试方式的改变，纠偏了小学低段唯分数、拼分数而导致的不正常的教育方式和行为，保护了儿童的身心和天性，呵护了儿童对未来学习的一种向往与热情，实现了真正意义上的减负，把快乐的童年也真正还给了儿童。

我记得，当时做出这样的规定，有家长担心取消纸笔考试，会不会影响到孩子学到应有的知识；有的老师也担心没有纸笔考试，会不会影响到正常的教育教学。但是通过前些年的实践，证明没有纸笔考试，孩子们一样能够学到知识并取得好成绩。

当然，这也给我们的老师提出了更高的要求，必须不断加强学习，不断更新教育理念，不断创新教学方式，不断变革评价手段。如果我们仍然停留于满堂讲、满堂灌，如果我们仍然采用布置大量作业，让孩子翻来覆去做作业的教学方式，则有违初心，也很难达成"不进行纸笔考试"后的教学目的和考核目标。

之前教育部印发《关于加强义务教育学校作业管理的通知》，已经明确要求小学一二年级不布置书面家庭作业。如今又要求一二年级不再进行纸笔考试，无疑都是根据孩子的成长特点和教育规律做出的重大部署。两个举措前后衔接，彰显着教育减负的信心和决心。

把这一关乎教育良知与教育功德的事，落实好，不走样，学校和老师应该责无旁贷，义无反顾。

谁陪我娃好好度春秋

我出生在乡村，生活在乡村，师范毕业后，又回到了乡村。乡村学校给了我快乐而幸福的童年，当然，那时的乡村学校也给乡村带去了很多的希望和憧憬。

我上小学的时候，在村小，有两百多学生。念初中，在乡中心校有六七百学生。

记得每天下午放学的时候，还是泥巴土的操场上密密麻麻站满了人，然后按回家的不同方向，列出几个整整齐齐的纵队，每个纵队都像长龙一样，由路队长带队，大家走着整齐的步伐，唱着嘹亮的歌，向家的方向行进。

红领巾在胸前飘扬，歌声在乡村回荡，一张张笑脸在乡间小路绽放，家家户户的炊烟在袅袅升腾，间杂着几声鸡鸣犬吠，羊咩牛哞，这一切，构成了一幅幅乡村最美的画卷。

就是这画卷，在我心中留存了几十年，让我对乡村有一种永远也抹不去的记忆，对乡村学校乃至乡村教育有了一种笃定又难以割舍的情感。

种种机缘，让我有机会管理一方教育，虽然资源有限，能力有欠，或者受制于诸多现实和条件，但是我深谙，乡村学校绝对是烛照乡村的灯盏，或许有点暗淡，但它能够给乡村带去一丝光亮；我也深知，乡村教育一定是改变乡村、振兴乡村的重要力量。或许你会被眼下乡村宽阔的道路、漂亮的房屋所折服，但是真正让乡村面貌永远容光焕发的是乡村教育，真正阻断贫困的代际传递而实现乡村振兴的还是乡村教育。

基于这些，十多年来我投入情感，倾注心血，带着责任，坚守良知，为办好每一所乡村学校，为让乡村教育朴素而体面地活着，为了让更多的乡村孩子既能够成为他应该成为的人，又能够留下乡音，记住乡愁，不忘乡根，应该说，做出了我应有的探索和努力。

在我记忆中，那时候的每一所乡村学校，不管是人多人少，哪怕是只有几十个学生的小规模学校，不管是路途远近，哪怕是距县城几十公里的偏远学校，不管是校舍如何，哪怕尽是青瓦屋舍看起来无比简陋的学校，校园都是文化弥漫，书香飘逸；环境都是干净清爽，优雅别致；孩子们都是个性张扬，活泼开朗，眼神灵动，依恋校园；老师们都是精神振作，充满激情，扎根乡村，敬业乐业。

特别是立足生活教育的开心农场、红领巾养殖场、少年种植园、劳动实践基地，独具地域特色的校本课程、地方课程、微课程，充分挖掘地方文化所架构与开设的丰富多彩、雅俗共赏、全员参与的社团活动，都为乡村学校注入了鲜活的元素，为乡村教育烙上了乡土的气息和味道，为乡村师生过一种快乐而幸福的在地教育生活，提供了实践标本与样态。

现在想起来，难免不心潮澎湃，热血沸腾；也难免不思绪百般，感慨万千。

在当时，我做了甚至做到了一个从乡村走出来的教育人应该做的事情，我没有让乡村教育的衰落成为驱赶农民离开土地所挥舞的最后一鞭子。

对于乡村教育的没落，我们不能完全归因于城市化。城市化的进程与大潮，尽管助推一群人离开了农村，但是不可否认的是，一些地方忽视了乡村教育，随意撤并乡村学校，无限度地抽空、抽干乡村教育，让人们在对乡村教育的失望与看不到希望中，不得不锁上乡下屋子的门，哪怕没有条件，都要举债买房，借钱租房，把孩子送进城。

过去，尚有乡村留守老人拄着拐杖在村口接送上学的孩子，现在连这些留守老人都进城陪孩子去了，乡村差不多只剩下一具没有灵魂的空壳！

我听说过一件事情，一所乡村学校，老师被调走得差不多了，无奈之下，家长只好纷纷买房、租房把孩子转进县城。有一个家庭，父母常年在外地打工，孩子爷爷奶奶只好进城陪护。开学了，爷爷奶奶好奇地问孙子，是不是城里的学校老师比乡里的学校教得好呢？孙子说，反正教我们的，还是乡里原来教我们的那两个老师。

其实，相对于城市，乡村教育有着得天独厚的优势。蓝天白云、鸟语花香、潺潺流水、小草呓语，都可以成为最好的课程；田间地头、羊肠小道、山川湖泊、星辰大海，都可以成为最好的课堂；散播于村坊市井、街头巷尾、农家房舍、老爷爷老奶奶口中的各种民俗、民间艺术，完全可以为我所用，成为最好的文化、最富情趣的研学活动。依据这些，完全可以办出孩子们喜欢的乡村学校，做出孩子们向往的乡村教育。

当然，对于乡村教育，固然我们要传授好文化知识，但更重要的是，我们要充分结合乡村儿童成长的环境和特点，兼顾乡村教育的责任和使命，不能一味复制和粘贴城市的教育。要立足乡村，教会孩子认识自己脚下的土地，认识养育自己的家乡，也就是进行"亲土地、亲家乡、亲亲情"的教育，让我们培养出的孩子"留在大山能生活，走出大山能生存，飞得再高再远都认同家乡，都能在心中澎湃着一种乡绪"。

如果我们的乡村教育能够探寻到一条符合自己的道路，能够办出特色，很多家庭是不会把孩子送出去的，乡村是能够留下他们和他们的孩子的，他们的孩子也是能够走向未来的。不仅如此，有可能走出去的孩子会回流的，甚至还会吸引城市里的孩子到乡村小学就读的。像四川省广元市利州区范家小学、贵州省正安县格林镇田字格兴隆实验小学、山西长治市关头村三亲教育学校、重庆市彭水县砂石小学等，这些都是鲜活而真实的例证。

办好乡村教育首要的前提是必须对乡村教育高看一眼，厚爱三分，必须选配好具有乡村教育思想与情怀的乡村校长，必须对乡村学校进行"政策兜底"保障，必须对乡村教师不进行"割韭菜式"的考调，必须建立激励倾斜和综合评价机制，让乡村教师进得来、用得上、留得住、教得好，以充分得到社会认可，家长肯定，学生爱戴。

有一首歌叫《其实我不想走》，其中有这样一句歌词："其实不想走，其实我想留，留下来陪你每个春夏秋冬。"这道出了不少乡村家长的心声，其实他也不想送孩子走，他也想让孩子留在乡村学校，但是我们的乡村学校、乡村教育能陪伴他的孩子过好每一个春夏秋冬吗？

要复苏和振兴乡村教育，对这个问题，我们应该不断地追问与反思！

第六辑

「双减」下的学校管理

"双减"需要什么样的校长?

人们常说,有一个好校长,就有一所好学校,足见校长之于学校的重要性。在"双减"背景下,校长对于学校来说,则更为重要。那么"双减"背景下的学校,究竟需要什么样的校长呢?

一、需要一个善思好学的校长

思,然后知不足;学,然后不知足。"双减"下,不打时间仗,对孩子们的作业负担和课外补习负担,要做减法。但要实现减负提质,对老师的专业成长,必须做加法,这就离不开教师的系统学习、不断思考。

而校长的善思好学,不仅仅是让自己内心丰盈,也不仅仅是使自己功底扎实,学理厚实,对教育洞察入微,对管理得心应手、左右逢源,更是对老师的榜样与示范、带动与引领。

一个善思好学的校长,才能带出一所学风浓厚的学校,也才能够熏陶出一批勤学勤思的教师。很难想象,一个不思而行、不学无术的校长,他能够让教师把思考与学习作为一种生活方式和生存的需要。

因此,校长应该主动成为自觉的思考者和学习者,并以此影响教师,成就教师。

二、需要一个富有眼界的校长

"双减"说到底是对学校既有办学理念、办学思想的突破与重立,这就需要校长登高望远、一叶知秋，不一叶障目。对教育具有深刻理解和远见卓识，这完全取决于校长的眼界。

眼界决定境界，境界决定格局，格局决定品味。校长的眼界，可以说既决定着学校办学的理念和观念，也决定着学校发展的思路和出路，更决定着"双减"实施的深度和有效度。

一个只盯着手指，却没有看到手指所指方向的校长；一个只盯着一棵树，却没有看到整个森林的校长；一个视野狭窄，只盯着一己之功利却没有长远眼光的校长，很难办出孩子们喜欢的学校，做出师生们向往的那种极具品味的教育。

三、需要一个有责任担当的校长

大事难事看担当，担当方显英雄本色。"双减"作为改良教育生态、让我国义务教育正本清源、回归常态的一项重大举措，作为重建教育机制、重构全民教育价值观、重塑教育形象的一场巨大革命，就需要广大中小学校校长能够理直气壮、义不容辞地担当起推动"双减"落地的责任来。

校长的责任担当，一方面要增强"双减"的政治站位意识，增添抓牢抓实"双减"的信心和决心；另一方面必须出实招，用真功，推动"双减"，决战"双减"，让"双减"真正带来孩子们的快乐学习，幸福成长，让"双减"触及教育的痛点、症结点、根本点，带来教育实实在在、看得见、摸得着的变化。

校长的责任担当，绝不能停留于口头，落实在空头上；绝不能停留于浅尝辄止，雨过地皮湿上；绝不能停留于应付了事、糊弄糊弄、作作秀则罢上。

校长对"双减"的责任担当，检验着校长们的天地良知、政治智慧、教育情怀和神圣使命感。

四、需要一个充满激情的校长

人生如剑，激情是宝剑的锋芒，是动力的源泉。教育的本质是创造，最怕一潭死水，最惧温水煮青蛙，最担心的是一群没有精神的人在那里拼命地教着书，把本来天性各异的孩子教成了同一个人，把本来活泼聪明的孩子教得一个比一个木讷。

校长应该是天生不安分的，是有期盼的，是会做梦的。他的每一天都是新的，他的每一片刻都是热情洋溢的，他的每一个教育日子都是激情高昂的，只有这样才可能点燃师生、感染师生、唤醒师生。

"双减"并不是把时间腾出来让孩子只玩耍，也不是让孩子一味地远离苦、累，不吃一点苦，不承受一点累，而是要减去孩子们重复训练之苦，减去成天应试身心遭受压抑之累，让苦与意义相连，让累与快乐有趣相伴。

然而"双减"政策下，学校成为育人主阵地，教师面对空前压力，面对提质增效的重任，在有可能无限延长的工作时间中要扛起工作与生活、事业与家庭的多重担子，在时代所赋予的责任中要培养出能够走向未来的孩子，我在想，教师没有激情怎么行？

热情需要热情焕发，激情需要激情点燃，如果一个校长无精打采，像蔫了的茄子，且不说自己能否迎"双减"之难以满腔热忱而上，单凭什么让老师激情澎湃上，就值得怀疑了！

我始终有一个基本判断，那就是一个随时都充满着激情的校长，给师生及身边的人所带去的，永远是一种信心与力量，一种坚定与温暖。

五、需要一个勇于变革的校长

变则通，通则存，存则强。这个世界唯一不变的是变本身。变作为一种常态，没有变革就没有打破，就没有突围，就没有超越，就没有绝处逢生，就没有化腐朽为神奇。

"双减"的要义，是对传统教育的挑战，是对过去教育所固有的沉疴顽疾的刮骨疗伤，其本身就蕴含着巨大的"变因"与"变能"。比如对教育理念的变革，对原有课堂的变脸，对作业布置的变化，对备课方式的变更，对教学手段的变道，对学校管理的变身，等等。

在"双减"态势下，如果仍然是老套路照搬，仍用那张旧船票去重复昨天的故事，就可能让"双减"流于形式，徒于游戏，"双减"下的教育将是面貌依然。

六、需要一个人情味特浓的校长

过去常说火车跑得快，全靠车头带。如今高铁速度每小时 300 公里以上，仅靠车头带不行，动车的每个节点都要有动能。

校长虽然是首席教师、教师中的教师，但是不可能样样超越教师；校长虽然是学校的领头羊、牵头人，但是离开了教师却什么都不是；校长虽然有可能本领高、能力强，但是没有教师的众志成城、鼎力相助，作用的充分发挥，校长完全可能难有作为。

一个校长的重要职责就是给教师空间，给教师动力，给教师赋能，把教师的心凝聚在一起，激发出教师工作的创造性与主动性，让教师成为学校的主人，自主自发地工作，心甘情愿地追随着学校的办学愿景，做校长希望做的事，成为校长希望成为的人。

特殊时期更需要学校能有一个人情味浓厚的校长，能够坚持以人为本，注重人文关怀，体现人性温暖，关爱教师，尊重教师，信任教师，理解教师，善待教师，给教师以应有的礼遇和尊严、体贴和关切。

校长具备了这样的一些特质和素养，就一定能够办好"双减"下的学校，也一定能够让"双减"在校园里落地生根，开花结果！

"双减"下，校长的心思和精力应放在哪？

"双减"政策，作为促进教育公平、改变教育生态的重大教育改革措施，将教育职能更多地从社会转回学校。学校教育在义务教育中一直处于主导地位，现在承担和面临的来自家长和社会的期待也越来越高。

作为学校主办者、设计者、牵头者的校长，在这样一个教育重大变革的时代，更是起着举足轻重的作用。

那么，校长的心思和精力应该重点放在哪些方面呢？

一、放在办孩子们喜欢的学校上

"双减"前，孩子们不喜欢学校，可以让家长送到补习机构；孩子在学校学不会的，可以出学校后到补习班补习。至于学校，孩子们喜欢不喜欢，倒也无所谓。

"双减"后，学科补习机构没有了，学校回到主体地位，学校将继续发挥教书育人、培养孩子，让孩子茁壮成长的主阵地作用。

特别是"双减"政策出台后，为了方便家长接送孩子，课后延时服务应运而生，学生在校时间增加，在校时长一天多达十多个小时，这是大多数的孩子都必须面对的现实。这就给校长们提出了一个严峻的课题，怎样办出孩子们喜欢的学校。

学校，一旦受到孩子们喜欢，孩子们就不会觉得待在学校很压抑，孩子们会因为爱上学校而向往学校，迷恋学校，由此他们会爱上学习。

办孩子们喜欢的学校，就必须让学校有一个清爽洁净、幽雅别致的环境；

就必须让学校有一个文化芬芳、书香四溢,以文化和书香温润孩子精神世界的校园;就必须让学校不再是充斥冰冷的分数和生硬制度,而是弥漫着温馨,荡漾着温情,充满着温暖的天地;就必须让学校不仅是孩子们学习的学园,还应成为孩子们快乐成长的乐园、幸福生活的家园、赏心悦目的花园、放飞大自然的田园、尽情嬉戏的公园和陶冶情操的博物园。

二、放在课堂的关注与研究上

落实"双减",既要减轻学生的课业负担,又要让孩子都"学会",人人"会学",真正实现"减负提质"。而这一切都必须牢牢抓住课堂,从课堂教学入手。

一方面,校长应该更加关注课堂。要带着责任和情感走进课堂,坚持上课说课,观课听课,议课评课,思课磨课,以自己的思想和努力,去引领更优质的教学,生成更优质的课堂。

另一方面,校长应该不遗余力推进课堂教学改革。当下教育的问题,从某种程度上说还是课堂的问题,而落实"双减"下的"减负提质"的落脚点,我以为也是课堂。变革传统的那种低效甚至无效课堂已迫在眉睫。

校长既要有变革传统课堂的意识,又要有推进课堂教学改革的勇气,更要有专注高效课堂的行动。

校长要从思想引领、典型引路、专家引导、政策引擎上,促进课堂样态的转变,让课堂既变得生动、主动、能动,又变得有用、有趣、有效,促使教师在课堂教学上运用更丰富的策略去吸引孩子的注意力,去激发孩子的学习兴趣,不断提升课堂教学的质量和效益。

三、放在家校共育的谋划与构建上

在我看来,如果把教育比作一条完整的河流,那么家庭教育就是河的上游,学校教育是河的下游,如果河上游的水污染了,河下游的水也不可能好。也就是说,家庭教育出问题了,学校教育同样可能出问题。

"双减"政策出台，家校共育从概念变成了学校的新常态，从过去因培训机构的介入而可有可无、若隐若现，变成了现在的同舟共济、密不可分、"一家亲"。

顺应新形势，一方面校长要积极疏通家校沟通渠道、搭建家校沟通平台、完善家校育人机制，在"共"上着力，在"育"上同向，多方努力，形成合力，共同引领孩子成长，共同应对"双减"这个新命题。

另一方面，实施"双减"政策，减去了校外培训对家庭财力、家长精力的"过度耗费"，同时"双减"也对家长对孩子的陪伴和养育提出了更高的要求。

由于一些家长缺乏相应的家庭教育文化，乃至方法与技能，校长应该通过设立家长学校，开办家长培训，召开家长会议，举行家长面对面座谈等形式，倾听家长心声，为家长答疑解惑，提供有效的家庭教育策略，引导家长树立科学育儿理念，理性确定孩子成长预期，以平常心陪伴孩子幸福成长。

有条件的学校，校长还可以在学校成立家校共育咨询室，通过"望闻问切，专业引领，科学指导，定期回访"，解决家庭教育指导的"最后一公里"问题，以此成为家长和孩子的精神依偎、心灵港湾。

同时，校长还需要广泛利用社区、社会资源，在家校合作的基础上，以家校联动社区、社会，汇聚社区、社会育人资源和力量，为学生成长提供实践与体验大课堂。

四、放在教师的关爱与行动上

"双减"让教师责任与压力、精力与工作时间多重增加，意味着教师将投入得更多，付出得更大。

教师是人，不是神，教师有家，要过日子，也要养家糊口。当教师的投入、付出和回报比例失衡时，校长对教师的关爱与体贴、呵护与尊重，便显得尤其重要。

一方面，校长要尽可能减少非教学任务对老师的干扰，尽可能通过人性化的管理，给老师们留有弹性的时间和充分的空间，尽可能减少教师全天候的工作与必须要面对的现实生活的冲突，尽可能让教师与学校形成和谐共生的关系。

另一方面，校长要具有同理心，本着"己所不欲，勿施于人"的原则，学会将心比心，以心换心，换位思考。要坚持"教师第一"，富有老师立场，时时处处为老师着想，尊重老师，善待老师，真正了解老师的内心，懂得老师所想所需所盼，并在自己的职责范围内，给老师们办一些实事好事，解决一些具体问题。

老师们在学校找到了尊严，找到了平衡点，找到了"家"的感觉，自然就会成为学校的主人。当老师们成了学校的主人，校长的工作自然就轻松了，"双减"工作也就能够很好地落地了。

同时，校长应该调动一切因素和力量激励教师。现在校长尽管在物质激励的手段上有限，但是完全可以从愿景上激励，从精神上激励，从人文上激励，从专业成长上激励，让教师能够随时拥有愉悦的心情，能够充分感受职业的幸福，能够永远保持一种昂扬的状态，能够以一种持续的热情面对繁重的压力与工作。

五、放在自身校长力的修炼与提升上

要办出孩子们喜欢的学校，要变革传统的课堂，要构建全新的家校共育格局，要引领教师的成长与发展，要担当"双减"下的"减负提质"使命，如果校长自身缺乏一种"力"，那么他将难以胜任，甚至有辱使命。因此，校长应该腾出时间，静下心来，沉下心去，用心修炼。

修炼学习力，丰盈自己的心灵，提升自己的境界，增长自己的教育智慧，让自己拥有应对"双减"取之不尽的源头"活水"，也让教师从自己的示范中，拥有学习的习惯与能力。

修炼创新力，敢于挑战传统，勇于超越突破，善于进取探索，不拿旧船票去重复昨天的故事，不拿固定的模式去应对变化的形势，不以既有的套路去作答"双减"下的试卷。

修炼激励力，做一只快乐的"小蜜蜂"，激发教师工作热忱，点燃教师教书育人激情，让教师在"双减"压力下，能够有积极性做事，能够有足够信心克服困难做事，能够有一个良好的情绪，用快乐的心情做事。

修炼执行力，"三分战略，七分执行"，五项管理不走样，"双减"大政须落实，"减负提质"要见效，校长的执行力是关键。不仅要让自己成为自觉的执行者，而且要带领教师不折不扣、坚决而高效地执行。出色的执行力是成为优秀校长的通行证，也是落实"双减"的重要条件。

修炼影响力，影响力是一种无声的传递与给予。当校长改变自己，用自身的影响力影响老师时，老师也会通过同样的行为方式来改变自己和影响学生。

校长如果能够把心思和精力聚焦在这五个方面，并做出相应的探索与努力，相信一定能够迎来"双减"政策下的教育艳阳天！

校长"双减"，应多些"南风拂面"

有这样一则寓言，北风和南风比威力，看谁能够把行人身上的大衣脱掉。

北风很强劲，呼啦啦地吹，越吹越大，想把行人的大衣吹掉。哪知北风寒冷刺骨，行人不但没有脱掉大衣，反而把大衣裹得紧紧的。

南风徐徐吹动，顿时风和日丽，温暖如春，行人情不自禁解开纽扣，脱掉了大衣。

南风胜于北风，温暖胜于严寒。这就是著名的"南风法则"。

一项伟大的事业，是一群普普通通的人干出来的；一所学校的发展，是全体教师付出心血换来的。特别是"双减"政策下，学校教育主阵地地位凸显，教师责任在肩，压力增大，工作时间无限延长，可以说教师比以往任何时候更辛苦，付出的时间和精力将更多。

再加之教师劳动具有特殊性，与工人生产有本质的不同，只有在心情愉快，思想通畅，心甘情愿做事的情况下，他们才能够全身心投入，不计得失，任劳任怨，以学校发展为己任，潜心教书育人。

我以为，一人之力如萤火，众人之力如明月。校长理念再好，教育思想再先进，能力再强，离开了教师的参与支持，一切都将是水中月、镜中花。

美国有位创业大王叫克利斯，他说过这样一句话："成功的创业者最重要的是要笨、要狂、要天真、要懒散。要笨到不在乎会得到什么结果，要狂到敢把自己的一切投入到工作中，要天真到不想一个人独享成果，要懒散到必须有一大批人替你工作。"

要做到"有一大批人替你工作"，就涉及校长的领导艺术和管理水平，又特别是对教师的情感和态度了。

教师作为学校发展的中坚力量，他们有思想、有尊严、有血有肉、有七情六欲、有喜怒哀乐、有合理需求；他们要过正常日子，要吃喝拉撒，要养家糊口，要做饭洗衣，要照顾老小；他们不是机器，只要一按动电钮，就会按指令操作，运转不停；他们也不是军人，军人是一个特殊的群体，绝对服从命令是他们的天职。

士为知己者死，要使教师视学校为家，把自己当作学校的主人，把教育当作一种崇高的事业，校长就要深谙"南风法则"，对教师多些南风拂面，少些北风凛冽。

尊重教师。尊重他们的权利，尊重他们的人格，尊重他们的差异，动力来源于尊重，尊重是管理的基础。

关心教师。关心他们的学习，关心他们的生活，关心他们的身心健康，关心他们的成长进步，人文关怀乃管理之根本。

爱护教师。坚持教师第一，以教师为本，对教师融入深情，维护他们的合法权益；想教师之所想，急教师之所急，盼教师之所盼，力所能及解决他们的后顾之忧，让教师感受到学校家一般的温馨，校长亲人般的温暖。校长对教师有多爱护，教师对他的工作就会有多支持。

理解教师。教师是我们的兄弟姐妹，校长也差不多是从教师的岗位上一路走过来的，虽然在职务上有高低，但只是分工不同。

己所不欲，勿施于人。校长要学会换位思考，以心换心、将心比心，不能居高临下、盛气凌人，要学会共情，具有同理心。自己当老师的时候，最反感校长做什么，现在自己就不要那样去做；自己最希望校长做什么，校长现在就应该那样去做。

有这样的思维，校长的任何决策部署，工作安排，就能够深得人心，赢得教师的拥护和支持。一个优秀的校长始终不要忘记自己曾经或现在依然是一个教师，教师是最美好的称谓，也是最永远的称谓。

包容教师。人无完人，金无足赤，人非圣贤，谁能无错。教师是人，不是神，自身有缺点，工作有差错，情理之中，自然难免。

校长不必小肚鸡肠，求全责备，而应该以宽广的胸怀和宏大的气量，包容于人，既容其言，又容其行，既容其智，又容其错。校长的魅力在胸怀，胸怀决定情怀。

激励教师。学校发展的生命力来自教师对工作的热情，对教育事业的激情。校长的工作就是激励每一位教师，让教师做他希望做的事，达到他想要的工作状态和效果，成为他所希望和期待的那种人。

校长要善于运用激励杠杆，积极构建全方位的教师激励体系。注重精神荣誉激励，强化专业发展激励，完善岗位晋升激励，健全绩效考核激励，突出关心爱护激励，激发教师工作热情，点燃教师工作激情，迸发教师工作活力。激励是使个人、组织燃烧的一把火，没有激励，就没有管理，校长管理的全部努力都是为了激发每一个教师的主动性、积极性和创造性。

公正地对待教师。君子不患寡而患不均，工作苦点，条件差点，待遇低点，教师们都能接受，但他们最不能接受的是校长对他们的不公。我所了解到的一些学校，人心涣散，矛盾重重，多半与校长能力和水平无关，而是因为校长对人对事的不公。

因此，校长切忌戴有色眼镜，要对教师不偏不倚、一视同仁、一碗水端平。校长对教师的公正，是教师工作积极与主动的力量源泉。

无私才能无畏，刚正才能不阿。校长公平对人，公道处事，是教师最盼望的，也是管理的最大动能。

当然，对待教师还有一点，就是不能过度管理。有的校长以管理之名，对教师管得太死，甚至为了管住教师，把教师"盯死看牢"，不惜动用一切手段——指纹识别、刷脸、手机定位……一个人只有在身心自由的前提下，才充满着活力，也才富有创造力。

教育是人的事业，是富有创造性的事业，如果把教师绳捆索绑，束缚身心，很难想象他们会用心用情创造性地工作，也很难想象他们会把教育演绎与诠释得如童话般美丽。

为了适应"双减"要求，国家已提出"弹性上班制度"，其目的是减少老师们的压力，让老师能挤出一些时间活动和休息，或者陪伴家人。在"双减"背景下，面对教育生态与教师工作状态的变化，如果校长还是采用过去那套管理办法，则很容易让老师们产生对立与不满的情绪。

依靠人性化管理，给老师相对自由和宽松的环境，这既是对老师的尊重，也是对老师的信任,这样才能让老师生长出自信、自律和强大的内生力。

校长多一些"南风拂面",教师就多一份干劲,管理就多一份力量,"双减"就多一份成效!

校长的工作方法决定"双减"

工作既在于态度，又在于落实，更在于方法。一些校长在工作中往往只讲态度，只埋头拉车，不抬头看路，很少关注方法。

我所接触的个别校长，成天从早忙到晚，忙得晕天黑地，忙得晕头转向，忙得不可开交，忙到最后，老师不买账，社会不满意，工作推不动，学校没变化。你要说他能力不行，能够走到校长岗位，都是从教师中优中选优，一步步走过来，也挺不容易；你要说他缺乏责任心，那更是天大的冤枉，劲没少使，心没少操，工作没少做。

你要问，到底是啥原因？其实说到底，还是个方法问题。

我认为，在原则、政策、条件一定的情况下，工作方法就是能力，工作方法就是本领，工作方法就是效率。

"工欲善其事，必先利其器"。工作中，我们应用上有效管用的方法。有效管用的方法对于工作，就犹如钥匙之于锁，风帆之于船。

面对"双减"，学校扛起了主责，老师承受了巨压，校长更是挑起了千钧重担。在这个时候，要真正实现"减负提质"，校长的工作方法更为重要。

根据我多年的管理实践经验，我以为校长应该有以下的一些判断与把握。

第一，不要走极端，要把握分寸。一些校长在工作上"过左过右"，时冷时热。强调抓素质教育，于是放弃抓教学质量；强调教学质量，于是又一味把教育异化成只有应试；说到安全重要，便一边倒抓安全，正常的教育教学活动，诸如学生的秋游、春游、参观考察等全部取消，连体育课都上成了室内课，学生课间自由休息10分钟的权利都没有了。一说减轻学生作业负担，有的学校要求老师一律实行零作业，连基本的一点预习作业、当堂作业、巩固作业都没有了；一搞课后服务，小学、初中都课后服务到下午五点半以后才放学，就连小学一二年级也要拖到这个时候，有的地方甚至连幼儿园都搞起了课后服务……

校长在做工作时，要冷静分析，把握分寸，不要走极端；要统筹兼顾，不要或偏或颇；要统揽全局，运筹帷幄，进行整体思维，不要头痛医头，脚痛医脚，水中按皮球，坐跷跷板，东一榔头西一棍。

第二，不要简单粗糙，要过细地工作。一些校长抓教学过程管理，做教师的思想工作时根本没有沉下去，也没有做过细的工作，更没有根据实际情况创造性地工作，只是停留于发号施令，或者只是当传声筒，上面怎样讲，他就怎样传，甚至传声都走样跑调。完全没有自己的思想，完全没有结合本校实际，也完全不顾他人感受，完全不考虑工作效果，这样的校长谁都可以做。

做工作替下级着想，替上级分忧，这是我们的职责所在，使命所系，良知所然。我认为一位优秀的校长应善于把上级的要求，组织的意图，自己的理解，学校的实际，教师的期望，通过耐心说服、细致解释、扎实工作，转化为教师的自觉行动，并让大家心悦诚服地去执行。这才是校长的能力和本事，这才是校长的方法和艺术。

第三，不要来者不拒，要敢于说"不"。当下一些来自外界的非教学任务给老师带来了很大的干扰，让老师不能静下心来教书，潜下心来育人。这样的现象和局面，与一些校长对来自方方面面的非教学任务，来者不拒，照单全收，然后又原原本本，甚至变本加厉地给老师们布置下去，不无关系。

虽然很多时候校长也无可奈何，这一点能够理解。但是根据我的了解，一些有个性、有担当的校长，对于来自外界的不少非教学任务，能够勇于拒绝，大胆抵制，硬着头皮说"不"。那一方校园就纯净些，老师们相对来说就宁静些，他们花在教育教学以及孩子们身上的时间就多一些。

所以我以为，校长迎难而上，敢于亮剑，既是一种品行，又是一种好的工作方法。

第四，不要事事都要管，要事事有人管。校长面对工作要善于抓方向，抓重点，抓中心，抓关键，抓主要矛盾，要从繁琐的事务中解脱出来，全神贯注地抓好全局性的、战略性的、发展性的、突破性的、突发性的工作，不必大小事都要亲力亲为。

要学会放手，懂得放权，要善于授权，让一班人大胆地开展工作。同时还要落实责任，不要抓人人，要让人人都在抓；不要抓事事，要事事有人管，这样各方面的积极性、主动性和创造性才能充分发挥和调动起来。

第五，不要当运动员，要当教练。运动员都有自己的教练，那些世界冠军的背后都有自己优秀的教练。教练在运动项目的竞技上肯定比不过运动员，教练的职责也不是上场比赛，教练的任务就是制订训练计划，关键时刻给运动员出点子、布局战术、出谋划策，拿出战胜对手的方法。刘翔的教练孙海平肯定没有刘翔跑得快，那么，刘翔为什么还要跟一个比他跑得慢的人学习呢？因为教练的作用就在能够拿出战胜对手的方法，这比跑本身还重要。

作为校长，能够身先士卒，对教师做些示范，固然重要，但是校长不能代替教师，就像教练不能代替运动员一样。校长作为教师的教练，应该倾注心思和精力给教师以思想上的引领，理念上的引导，专业上的指引，教学上的指导，工作上的点拨，做人上的点化。

第六，不要感情用事，要发挥情感效能。对成功的校长而言，起作用的不仅是智慧和知识，更重要的还要有情商。校长是学校历史的书写者之一，但不是唯一，也不是救世主，他们与所有的教师一起推动着学校的发展。

校长一方面做事不能一时兴起，跟着感觉走，而应该头脑冷静，遇事沉着，多些理性；另一方面要舍得对教师感情投资，一个眼神，一声问候，一次看望，一句鼓励的话，都会让教师感到幸福。校长要想到自己既是管理者，又是服务者。自己再能干，离开了教师什么都不是。要善待教师、体贴教师、理解教师、尊重教师，让每一位教师都感到自己是最最重要的，在学校里生活是有尊严的。

第七，不要只顾结果，要向过程负责。一位富商临终前，把他的三个儿子叫到床前，说他看见窗外的广场上有一群孩子在捉蜻蜓，好久没看见蜻蜓了，你们到那儿去给我捉几只吧。不一会儿，老大、老二便把蜻蜓送到了父亲的床前，当父亲问怎么这么快就捉到时，老大说是用钱买的，老二说是用遥控车换的。

最后到来的是小儿子，只见他满头大汗，两手空空，衣服还沾满了泥土。父亲问他怎么没捉到蜻蜓，小儿子说，那些蜻蜓好可爱，飞得好高，几次跳起来差点捉住了，可最后还是飞了。小儿子眉飞色舞地讲述着，似乎还沉浸在捉蜻蜓的快乐中。

第二天，父亲死了，孩子们在床头上发现了一张小纸条，上面写着：孩子，我并不需要蜻蜓，我需要的是你们捉蜻蜓的快乐。

这个故事说明，尽管人们很在意事情的结果，但是过程更加重要，过程的精彩往往比目标的达成更让人兴奋！

比如安全管理，很多时候防不胜防，结果可能不好控制，但是我们完全可以控制过程。有了理性负责的过程，尽管安全不可控因素很多，一般来说，都会有一个好的结果。但如果没有一个严谨周到、认真负责的过程，就完全有可能没有一个好的结果。在我看来，任何安全事故的背后，都有过程中的若干个疏忽和遗漏，都有过程中的若干个"如果"的惋惜和遗憾。

过去，我在抓高考时经常说，高考结果无论怎样完美，也永远都会留下些许不如意。高考同安全工作一样，不可控的因素同样很多，其最终结果很难预料。再加之，高考也不可能有百胜将军，所以对待高考的结果，我认为要淡定、要从容、要有一颗平常的心！

但是我们可以向高考前的过程负责，老师们在备考中注重过程，从每一次备考、每一次活动开展抓起，从每一节课教学、每一节自习辅导抓起，从每一次作业布置、每一次作业批改抓起，从每一次命题、每一次检测、每一次讲评抓起，从每一个学生思想工作的跟进、心理的调节辅导、身心健康的关注抓起。

沉浸于过程，我们会享受一路过程的曼妙风光。当然，更为重要的是，过程有了，结果总的来说不会差到哪里去。

第八，不要怨天尤人，要把资源规则用到极致。有这样一则故事，说的是在美国一个农村，住着一个老头，小儿子和他在一起，父子相依为命。

突然有一天，一个人找到老头，对他说："尊敬的老人家，我想把你的小儿子带到城里去工作。"老头气愤地说："不行，绝对不行，你滚出去吧！"这个人说："如果我在城里给你的儿子找个对象，可以吗？"老头摇摇头："不行，快滚出去吧!"这个人又说："如果我给你儿子找的对象，也就是你未来的儿媳妇是洛克菲勒的女儿呢?"老头想了又想，终于被让儿子当上洛克菲勒的女婿这件事打动了。

过了几天，这个人找到了美国石油大王洛克菲勒，对他说："尊敬的洛克菲勒先生，我想给你的女儿找个对象。"洛克菲勒说："快滚出去吧!"这个人又说："如果我给你女儿找的对象，也就是你未来的女婿是世界银行的副总裁，可以吗?"洛克菲勒于是同意了。

又过了几天，这个人找到了世界银行总裁，对他说："尊敬的总裁先生，你应该马上任命一个副总裁!"总裁先生摇头说："不可能，这里这么多副总裁，我为什么还要任命一个副总裁呢，而且必须马上?"这个人说："如果你任命的这个副总裁是洛克菲勒的女婿，可以吗?"总裁先生于是欣然同意了。

你看，就是经过这么一些周旋，这个小伙子不仅当上了洛克菲勒的女婿，而且当上了世界银行的副总裁。

这可能是一个虚构的故事，但从故事中我们应该能受到一些启发。校长的一个重要的工作方法，就是要充分利用资源，有借力的智慧，有敢于突破套路的勇气，有善于打破既定规则的底气，不能遇到困难就在那里等待观望，叫苦连天，束手就擒。不少创造了工作的奇迹和神话的校长，差不多都是穷尽资源和智慧的结果。

一点感受和体会，但愿能给校长们带去一点思考和启发!

"双减"成效，在于校长的工作态度

真正决定学校品质和教育品位的，永远取决于学校的那个牵头人。而学校的那个牵头人——校长，其工作态度，决定着学生的成长，教师的职业幸福与学校的发展高度，更决定着"双减"的最终成效。

一、是尽力而为，还是竭尽全力？

一只小兔被猎人打伤后腿，受伤的小兔拼命逃生，猎狗在后面一个劲地紧追不放。

猎狗追了一阵子，眼看兔子跑得越来越远，便放弃追赶，悻悻地回到猎人身边。猎人见到猎狗，便大声骂道："你这没有用的东西，连一只受伤的兔子都追不到！"猎狗辩解说："我已经尽力了。"

这时，受伤的小兔连奔带喘地回到兔妈妈身边，兔妈妈吃惊地问："小宝宝，你带着伤怎么甩掉那只猎狗的？"小兔子说："猎狗是尽力，而我是竭尽全力。它没追上我，最多挨一顿骂，而我不竭尽全力，有可能连命都没有了。"

校长在推动工作的时候，我以为，能够尽力而为其实已经是难能可贵的了。比起那些执行不力，回避矛盾，工作绕道走，一味在那儿怨天尤人的人强多了。尽力而为，按我的理解，表明他还没有充分挖掘出自身潜力，也没有使出浑身解数。有所顾虑和保留下来的、没有全部挖掘出的、也没有完全施展出的那部分，或许是很小很少的一点点，却是很重要、很关键的，对事情的成败以及最终是否完美起着决定性作用。

事实上，一个校长在面对一项工作任务时，只要他和你说他会"尽力而为"时，实际上他已经在内心深处开始打折扣了，你就不要指望他会有什么出色的表现，更不要奢望他会创造出什么奇迹了。

而当一个校长给你表态他会"竭尽全力"时，则意味着这个校长将不惜一切代价去执行任务，将做出最大的努力去完成工作，这也意味着他将不达目的不罢休，不斩楼兰誓不还。

有了尽力而为，就有了避重就轻，就有了浅尝辄止；有了竭尽全力，就有了全力以赴，就有了全心投入，就有了卓越不凡。

"双减"作为国家大政，事关教育生态的改变、教育常态的回归，校长在落实"双减"时，最基本也是最必需的态度，那就是竭尽全力，让"双减"政策在自己的地盘上落地生根，开花结果，惠及学子和他们的家庭。

二、是过得去，差不多，还是精益求精，尽善尽美？

没有最好，只有更好。做事同做人一样，人无完人，做人不可能做到完美，做事同样也不可能达到完美。

但是校长在做事时，应该有完美的追求。虽然不可能做到完美，但是追求完美的过程会让我们接受磨炼，得以历练。更何况，我们做事虽然达不到完美的要求，但是在高标准下，在竭尽全力中，最终多半会有一个好效果。即或是再差，也不会差到哪个地方去。

试想，如果我们做事一开始就定位于过得去，差不多，那么我们在工作过程中，多半会得过且过，马马虎虎，其结果可能是惨不忍睹，一塌糊涂。

要把事做到精益求精，尽善尽美，校长首先要关注细节。细节无小事，细节决定成败，魔鬼总喜欢在细节中下手。要让时针走得准，必须控制好秒针的运行。其次要善于抓"大"，又不忽视"小"。凡事既要从大处着眼，又要从小处入手，既要"鸟瞰"，又要"近视"，既要统领宏观，又要把握微观，既要学会用望远镜，又要学会用显微镜，既要能够面对"一万"，又要能够面对"万一"。再次要善于关注过程，又不要疏忽结果。完美的过程造就完美的结果，完美的过程加上完美的结果才会有完美的效果。管理就是追求效果，无效的管理，无论多么严谨、规范，无论付出多少努力和代价，都是无用的。

检验"双减"的落实效果，那就是看孩子们的负担减没减下去，孩子们的快乐指数、学业成绩提没提上去，也就是用实打实的数据、事实来说话，绝不是一个差不多、过得去、马马虎虎就能了事的。所以，校长落实"双减"，必须定位高远、措施有力、保障到位、成效明显。只有如此，才能向时代交上满意答卷。

三、是主动求变，还是被动等待？

一个人主动思考，主动探索，主动作为，比起被动接受与应付，虽然会面临更多困难和挑战，会付出更多心血和代价，但他的未来却充满着无限生机，蕴含着无穷的可能。

凡事有了主动，便能洋溢热情，燃烧激情，也能够担当责任，坚守良知，不畏困难。对于有主动担当的人来说，生命是奔跑的、燃烧的、永远腾跃的、永远年轻的、永远充满着活力的。

校长必须主动工作，主动寻求改变。一方面主动发现问题，主动思考问题，主动解决问题，不等不靠，不观望不推卸，尽自己主观的努力改变学校面貌，改良教育生态。另一方面本着山不过来，我就过去，主动改变自己，改变自己能够改变的，让自己主动适应环境，更好地适应他人。

比如"双减"政策实行后，学生减少了课外培训，也减少了考试次数和作业数量，但是"双减"不等于"放养"，在做好"减法"的同时，校长就应该主动思考在"减"之后应该给学生"加"什么，怎样"加"；应该主动探索"双减"下教育评价机制的建立，主动探寻教育高质量发展的路径，"双减"减负提质的方法。

四、是放眼长远，还是鼠目寸光？

眼界决定境界，眼光决定未来。

校长做教育一定要有远见卓识，一定要由一棵树看到整个森林，一定要由现实看见诗与远方,而绝不能只顾眼前,急功近利。

对于教育发展中那些或许当下看不到成绩,看不到效益,但会带来长足发展的事,要耐得住寂寞,守得住清贫,抗得住浮躁,要用责任担当,用情怀守护,用良知捍卫。

而对当下看起来便能斩获分数与名利,却有可能对今后发展带来不利与伤害的事,就应该痛下决心摒弃,千万不能只顾眼前的利益而牺牲学生的未来人生幸福,以及教育的长足发展。

特别是面对"双减"的国家大政方针,校长所关注的应该不再是领导一时的喜与怒,不再是学生成绩一时的好与坏,也不应该再是学校一时的名利与自己一时的得与失,而应该从长计议,从教育初心的回归,从为"内卷"中的学生与家长松绑、减负,从教师的职业幸福,从教育的持续发展等方面去考量、谋划与架构学校的发展。

五、是力求变革,还是因循守旧?

"唯一办事聪明的是裁缝。他每次总要把我的尺寸重新量一番,而其他的人,老拖着旧尺码不放。"萧伯纳的嘲讽告诉我们,创新永远是不变的法则。

教育的本质是创造。教育生活每天都是新的,教育的对象随时都在变化,教育不可能一成不变,更不可能拿昨天的旧船票去重复昨天的故事。

创新是校长面对新的社会形态,让教育走向未来的必然选择,是教育发展的坚强推动力量,更是学校提高教育教学质量和办学水平的重要手段。

因此,校长一方面应该具有创新意识,不墨守成规,不因循守旧,不自我封闭,敢于冲破传统的教学模式和管理方式,创造性地进行教育教学改革。比如面对"双减",如何变革作业设计,既减轻中小学生的作业负担,又达成作业训练目的;如何变革传统课堂,既使学生学得轻松,又向40分钟要出质量;如何变革课后服务方式,既让学生个性张扬,又让学生喜欢,家长满意;如何变革评价机制,破除唯分数、唯成绩,坚持立德树人、五育并举……凡此种种,都需要校长有创新的智慧和勇气。

另一方面,校长要想别人所不敢想的,做别人所没有做过的,走别人所没有走过的，敢于做第一个吃螃蟹的人，以新观念、新机制、新办法，开创新的局面，创造教育新的辉煌。

同时，校长的工作不能亦步亦趋，拾人牙慧，应该走自己的路，形成自己的风格。"风格即人"，包括自己的语言风格、表达风格、思想风格、理念风格、处事风格，只有形成风格、体系，才能成为教育家型的校长。

校长对这五个方面如何做出鲜明的回答，既考量着校长的工作态度，也检验着校长对事业、对学校、对师生的情感！

没有校长落实，就没有"双减"

多年的区域教育管理经验告诉我，评价一个校长如何，不是看他有多少雄心壮志、豪言壮语，也不是听他口若悬河、滔滔不绝，关键在于盯着他工作是否落实，落实了多少，落实到什么程度。现实中也的确有一些校长，说起来头头是道，但做起来却蜻蜓点水，工作落不到实处，以至于学校面貌没有改观，发展停滞不前。

教育是耽搁不起的事业，因为工作不落实，耽误了学生的学习与前程，那可是天大的事情。

刚刚过去的暑假，一系列教育政策密集出台，特别是教育部强调的义务教育学校"不得以任何名义设置重点班""不得随意增减课时、改变难度、调整进度，不得利用课后服务时间讲新课""大幅压减考试次数""小学一二年级不进行纸笔考试，学校期中期末考试实行等级评价"，等等，让大家看到了国家贯彻"双减"政策的坚定决心。

中小学校长就应该以一个教育人应有的良知和使命，以对党、对人民高度负责的态度，认认真真地按照全国一盘棋的决策部署，让"双减"的每一项任务和要求在自己的学校不变通、不走样，用心用智地生根，扎扎实实地落地，用实实在在的"双减"成果回报党和国家，用看得见、摸得着的教育发展与改变，惠及每一个家庭和每一个孩子。

素质教育从二十世纪八十年代提出到现在已经四十多年了，落实得如何呢？

减轻学生的学习负担，给学生减负，从提出到现在也差不多三四十年了，文件发得不少，会议开得也够多，然而却是越减负担越重。究其原因，在于缺乏落实。

这次"双减",国家层面已经下定了决心,铆足了劲,最终落实如何,我以为在校长。

如果校长这个层面踩了假水,走了过场,"双减"就可能是雷声大,雨点小,最终泡了汤。

校长落实工作,落实"双减",当然在于校长的自身素质、工作作风,也包括校长的影响力和人格魅力。但是仅靠校长还不行,各级政府和教育主管部门还应该给校长们营造一个良好的环境,从思想上给以引领,从机制上加以激励,从人、财、物上给予充分保障。

与此同时,校长落实工作,不能照抄照搬,而应该结合具体情况,灵活运用,创新驱动。比如落实"双减",不是一味地做"减法",在减去相应负担的同时,还要利用课后服务在学生个性张扬和核心素养的培养上做"加法";在创新课程设计、作业设计、评价标准上产生"乘数效应",要会做"乘法";在加强沟通,实现家校社共育上,要除去"双减"落实中的顾虑和阻力,因此要能做"除法"。

这当然对校长的管理能力、治校治教能力、教育教学领导能力,还有对校长的管理艺术和教育智慧提出了更高的要求。

如果中小学校长都能围绕"双减",做好落实,就会还教育以本原,还阳光快乐给孩子,赢得教育新一轮的发展。

"双减"贵在校长的创新

创新,是一个民族进步的灵魂,是一个国家兴旺发达的不竭动力。对于校长,创新则是学校发展的基础,也是学校发展的重要力量。

校长的创新,切入点很多,但我以为,应该主要体现在以下四个方面。

一、创新办学思想

有一种财富叫思想,有一种魅力是思想。教育需要思想去武装,也需要思想去引领。有一句话说得好:"一个校长什么都可以没有,但不能没有自己的思想。"一个优秀的校长一定具有自己的思想,一个有思想的校长,一定是具有精神感召力的校长。

苏霍姆林斯基曾讲过:"校长领导学校,首先是教育思想的领导,其次才是行政上的领导。"

一些中小学校长,工作常常被推着走,学校办得毫无生气;教师也是多年浑浑噩噩,少有激情,这都与校长缺乏思想的引领不无关系。

校长的办学思想,我认为体现在以下三个方面。

第一,校长的办学思路。在学校管理中,校长的思路至关重要,它决定着学校的发展方向和出路,影响着教职工的工作状态与投入程度。有的校长虽然有务实的工作作风,却缺乏一种工作思路,致使学校工作心中无数,行动无定盘星,就像玩跷跷板一样,忽左忽右,摇晃不定,也像水中按皮球一样,忽上忽下,难以捉摸。一些学校校长匆忙,教师瞎忙,学生迷茫,归根到底,还是缺乏一种贯穿于始终的工作思路。

第二，校长的办学理念。理念，是思想的高度概括和凝聚，是信念与信仰在概括性语言上的体现与反映。

校长要办好一所学校，不仅要有一个好的思路，还要有一个好的办学理念。

办学理念是校长教育思想和教育追求的集中反映，是来源于办学实践而又作用于办学实践的理性认识，是学校管理和教育发展的基本前提。办学理念决定着学校群体的教育行为，指导学校的办学方向，定位学校的品牌形象。

校长科学有效的管理是受其理念支配的，在好的教育理念的支配下，校长的管理才能体现科学的办学之道、教学之道、科研之道与服务之道。

我们只要用心留意那些办学成功的学校，其背后，总能够看到一种好的理念的身影，总能找到一种好的理念的强力支持。

我一直有这样的一个判断，学校办学条件有差异，基础有好坏，但校长追求一流的办学理念却没有先后。一个优秀的校长可以容忍资金投入上的不足，但绝对不能容忍办学理念上的陈旧与落后。

第三，校长的办学风格。办学风格，是校长富有个性的教育思想在办学上的体现。富有个性的办学风格，我认为，第一是特色，第二是特色，第三还是特色。

什么叫"特色"？通俗地讲，"特色"就是"人无我有，人有我优，人优我精，人精我特"。如果再把它定义准确一点的话，学校特色就是学校个性化的积淀与发展，也就是学校根据自身特点，在教育实践中努力挖掘、并积极创造出的某一方面的优势，从而形成的一种有鲜明个性、独树一帜、成效显著的办学风格。

学校特色体现在方方面面，学校工作所涉及的所有领域都可以做出特色。比如体现于校舍建筑的特色：校舍是学校存在的物质基础，它诉诸人们视觉并形成"第一印象"，这种特色，不在于外观的豪华，而在于教育内涵的展示。体现于校园时代精神的特色："平安校园""和谐校园"的构建，"书香校园""生态校园"的营建，"数字校园""文明校园""人文校园"的创建。体现于学校教育模式的特色：学校从实际出发，有选择性地在德育、智育、体育、美育、劳动技术教育、科技教育等方面探索出的成功范式，进而形成鲜明的特色。体现于教学模式的特色，它相对于"教育模式"，是以教学工作为中心，在教学领域积极探索，并在教学成果等方面形成学校的独到之处。

特色是一种扬长避短，一种与众不同，一种标新立异，一种鹤立鸡群，一种万绿丛中一点红。学生没有特长，教师没有个性，学校没有特色，这是教育的悲哀。有特色、有风格，才能有风采，才能有影响，也才能有地位。

二、创新学校管理

创新学校管理，主要是指管理机制的创新。在校长的创新中，机制创新是最关键的，因为其他任何创新都是以机制创新为基础的。只要在学校中建立一种有效机制，就可以激发每一个人的潜能，形成浓厚的积极向上的学习与工作氛围，就能够达成不管而管、无为而为的至上境界。

学校的一切工作，当不能正常推动或者有效推动，教职工工作的积极性不高、动力不足时，校长必须做出反应，因为这绝对是在某方面的机制上出了问题，校长当务之急应是着手机制的创新。

时间在变、环境在变、条件在变、人员在变，加之，上有政策，下有对策，机制不能一成不变。再好的机制都需要不断完善，不断改进，不断创新，机制的创新是永无止境的。

比如激励是最大的凝聚力，所以为了调动教师工作的积极性和主动性，应建立教师激励机制。过去激励教师，可以发钱发物；自从进入新常态之后，过去的个例、惯例、特例已没有了，靠发钱发物去激励教师的机制也已经不符合时代的要求了。校长就应该开动脑筋，可以从精神荣誉、专业发展、岗位晋升、绩效考核、关心爱护等方面，去修订和完善新的激励机制。

三、创新校园文化

什么是文化？著名文学家梁晓声有一个很靠谱的解释。他说文化可以用四句话表达："植根于内心的修养，无须提醒的自觉，以约束为前提的自由，为别人着想的善良。"

论及文化的重要，有人将文化同制度进行比较。制度是刚性的，往往规定哪些不能做，文化是柔性的，常常倡导哪些应该做；制度只有在监督的地方起作用，是他律，文化在无监督的地方起作用，是自律；制度是"纲"，具有强制性，强调执行力，是"要我做"，文化为"魂"，没有强制性，强调感染力，是"我要做"。

校园文化是发自人内心的一种强大教育力量，是一所学校的个性特征和独特风范，是一种高级的、理想的、依靠思想和精神实施管理的新型学校管理模式。

学校里任何一件不起眼的东西，只要给它烙上文化的印记，就会远远超出其本身的一切，最终给师生传达的是一种博爱的精神，一种严于律己的道德要求，一种高雅的行为准则，一种陶冶师生情操的隐形课程。

教育的使命是传承文化，发展文化，创造文化，以文化人，用文化育人，因而，校园不可无文化。创新校园文化，让校园文化飘香，充分发挥文化在管理和教育中不可替代的责任，应该成为校长重要的职责。

一些学校也重视校园文化，但是很多文化只是停留于浅表文化、形式文化上，看起来花里胡哨，实际上缺乏内涵，有的甚至纯属商业文化、匠人文化，是花大价钱请广告公司、文化公司硬做出来的。从某种意义上讲，这还不属于真正的校园文化。

校长创新校园文化，一方面校长要根据学校的地域特点、历史沿革、发展趋势、办学理念以及师生的精神风貌，定位校园文化的基调与方向；另一方面，校园文化要让师生站立于校园文化的中央，成为校园文化建设的主人，既要听取他们的想法，融合他们的意愿，又要善于"留白"，把校园文化的构建和空间留给师生。让师生全员、全程、全方位参与，用心、用情、用智建设校园文化，让广大师生在主动参与中，浸润熏陶，影响其里，感染其间，共同成长，共同提高。

与此同时，创新校园文化，除了群策群力生成具有鲜明个性特征的校园文化外，还要组织一些丰富多彩的校园文化活动。比如校旗、校徽的设计，校训、校歌的征集，校园广播站、校园电视台的开办，校刊、校报的编辑，校园读书活动、社团活动的开展，等等。

校园文化活动的设计要突出普遍的参与性、趣味性、益智性，突出学生的主体性和创造性，真正做到活跃校园文化氛围，培养学生创新能力，提高学生综合素质。

四、创新教育教学

在"双减"政策背景下，如果仍然拿着一张旧船票，就有可能难以上船。这就给我们的教育教学，提出了新的课题和全新的要求。

第一，要创新育人方式。立足于五育并举，立德树人，聚焦学科核心素养，充分挖掘育人因子，不仅让学生成才，更要让他们成人，不仅让学生获得应有的分数，更要让他们拥有比分数更重要，能够陪伴他们一生的更有用的东西，为他们的未来幸福人生奠基。

第二，要创新教学手段。通过教学改革、课程研发、教具运用、微课设计、多媒体在场、小组互动、线上与线下结合等，实现学校教学的多样性、针对性、丰富性、趣味性，提升教学效果，让学生愿意待在学校，也喜欢学习，始终保持学习高昂的热情。

第三，要创新课堂模式。着眼于有效课堂的生成，突出学生的主体参与，合作探究，深度学习，自主成长。课堂一旦变得有用、有趣、有效，学生校内学习的劲头就铆足了，学生的负担自然就减轻了，校外的学科培训机构自然也就慢慢减少了。

第四，要创新作业布置。作业要从"量"向"质"上转变；要从"粗放"向"精致"转变；要从"单一"向"多样"转变；要从"一刀切"向"弹性化""分层化""个性化"转变；要从"天天作业""重复作业""做不完的作业""惩罚作业"向"作业不出校""无作业日""实践性作业""快乐作业"转变；要从"反复刷题""重复无效"到"科学合理""作业高效"转变；要从"要我做"的负担到"我要做"的常态转变。

第五，要创新多元评价。唯分数、唯升学的评价方式，已经为时代所淘汰。制定科学评价方案，改进结果评价，强化过程评价，探索增值评价，健全综合评价，已经被"双减"推向了一种必然。

用多元评价的创新,让学生们都阳光自信,看得见自己,随时都抬得起头,对人生有一个合适的预期和规划,让教师的教书与育人更接近于教育规律,更符合学生的身心发展,更满足于学生的个性化成长,让教育回归常识,回归常态,回归生活,回归本原,应该成为校长不遗余力创新的关键点和着力点。

第六,要创新课后服务。开展课后服务,不仅仅是解决家长接送难、孩子没地方去的问题,更应该是充分利用课后时间,提供丰富多彩的服务内容,为学生提供学习和发展空间,更重要的是满足学生个性化的需求,促进学生的个性化成长。当然还有一点,是可以消弭校外培训机构对学生和家长的负担,对正常的学校教育秩序的干扰。

因而对于课后服务,学校和老师不能仅停留于看守学生,而是要创新课后服务手段,力求让课后服务成为给困难学生补习的一个温馨的空间,给学习吃不够的学生一个发展提升的平台,给有特长爱好的学生一个张扬个性、展示自我的舞台。

校长能够在这四个方面做一些努力,便能够成为一名名副其实的创新型校长!

用精细化管理应对课后服务的挑战

课后服务作为教育部的重点工作，也是一项重大民生工程，既要让学生尽量在校内完成作业，又要对学习有困难的学生进行补习辅导；既要让学生在参与阅读、艺体、社团等活动中"动"起来，充分彰显他们的天赋特长，又要不因学生在学校待的时间过长，而厌恶学校，厌倦学习；既要与当地正常下班时间相衔接，切实解决家长接学生困难问题，又要不因课后服务让老师承担过重的任务与压力。

课后服务经过一段时间的实践，既探索出了许多有益的经验，又凸显出了不少问题，一些学校甚至面临不小的压力和挑战。我以为，唯有通过精细化管理，才能消弭问题、有效应对、尽量减少负面效应，把利好之事落地落实落细，让其达到效果最大化。

精细化管理源于现代企业管理，它是对科学管理的执着追求，是一种把思想和作风贯穿于所有工作环节，而且上下一心追求极致的全面管理模式。

精细化管理必须要有精心意识。相由心生，情由心出，事由心成，一切由心使然。当下，许多家长放大了课后服务的作用，导致期望与现实之间有很大的差距，这也可能是家长抱怨并不满课后服务的原因之一。

因此，作为学校，就应该多些用心、耐心和精心。对于家长的误解和不理解，多些交流和开导；对于家长对收费及相关政策的质疑，多些解释和宣讲。

对于课后服务的组织，更应该由下而上，耐心听听家长和学生的意见，并且本着"学生需，学校供"的原则精心设计课程，通过"订单式"模式，增强课程的多样性和选择性，力求为每个孩子提供适合的课程。

精细化管理重在细节。天下大事，必作于细。细节不是小事，细节决定成败。学生只要在校，就存在校园安全问题，课后服务一方面延长了学生在校时间，另一方面学生在课后服务中参加活动，难免不奔跑打跳、嬉戏玩耍，这无形中也加大了校园安全和学校教师监管责任的风险。

在校园安全管理上就应该从细微处着眼，从细小处着手，于细致中着力，把安全管理的每一个细节关注到位，把活动组织的每一个环节做到位，切实完善学生安全问题和监管责任，做到"零差错""零缺陷"。

精细化管理一定要把事做对。做事情不仅要做对的事，而且要把事做对。这就要求我们既要埋头拉车，又要抬头看路；既要用心做事，又要用对方法做事，把事做对。课后服务政策的出台，应该经过了慎重的考虑与研究，这肯定是对的事，但对的事也有可能做错。如果我们把课后服务仅作为上课时间的一个加长版，仅作为看住学生，守着他们完成作业这一个简单的差事，则有违初衷。

学校和教师应该创新课后服务载体，优化课后服务形式，丰富课后服务内容，让课后服务成为困难学生补习辅导的"平台"，成为学有余力学生拓展学习空间的"灶台"，成为有特长爱好学生张扬天性、放飞梦想的"舞台"，成为所有学生参与文体、阅读、兴趣小组及社团活动，为他们提供更加多元化成长路径和成长方式，促进他们全面发展的"戏台"，成为让家长和社会认可，充分展示学校风采和形象的"窗台"。只有如此，才能把这一大好事做对。

精细化管理更要坚持以人为本。以人为本，就是体现人文，注重人性，让管理弥漫人文的光辉，闪耀人性的光芒。教育是人的事业，课后服务更是服务人的事业，所以更应该多些柔性与温度。

比如，对于孩子因在校时间的延长而导致的身心疲惫问题，课后服务必须本着自愿原则，绝不能搞一刀切。孩子身体承受不了，可以让孩子选择不参加；家长有条件接送孩子，就应允许孩子到放学时间就离校；只有真正需要的孩子，学校才提供服务。绝不能把学生全体参加课后服务作为一种办学业绩。

比如，针对因"双减"和课后服务的负担给教师工作与生活带来矛盾的问题，学校可以尽力减少非教学任务对老师的干扰，让老师们真正聚焦并回归到育人的主体责任；可以尽快落实弹性上下班制度，允许教师在不同时段有适度的窗口时间，自由调剂自己的工作和生活节律，尽量减轻教师职业角色与个人生活的矛盾与冲突。

按照教育部的规定，参与课后服务的教师并非都是学校的老师，一些退休教师以及合格的社会工作者和志愿者，都可以参与到课后服务中。学校应根据实际情况，招募招聘，从人力的补充与保障上，为教师减轻一些压力和负担。

针对班主任工作全天候、很难抽身的实际情况，学校可以配备副班主任，让班主任也能有个弹性时间。

统筹落实好课后服务，推动课后服务良性发展，让课后服务赢得学生喜欢，家长支持，社会满意，并有效助力于"双减"，这是一场硬仗。最终成效如何，是对教育者精细化管理能力以及现代化治理水平的历练与考验！

"双减"与学校内涵发展

"双减"让教育回归到学校,学校成为育人的主战场,学校要担负起神圣的育人使命,必须走内涵发展之路,实现学校内涵发展。

内涵发展说到底是一种持续发展、绿色发展,是一种关注人的发展,是一种把教育与学生幸福、自由、尊严同终极价值相联系的发展。

一、内涵发展离不开校园文化的发展

文化是最好的教育,也是最有效的管理。可以这样说,教育所有的问题都是文化问题引起的,所有的问题都可以通过文化加以解决。

校园是传播文化的地方,是孕育文化的土壤,校园文化内化于心,外化于行,固化于里,默化于魂,浸润着学校的每一件物,诉说着学校的每一件事,改变着学校的每一个人。

校园文化是学校内涵发展的灵魂,校园不可无文化。

创造物质文化,注重精神文化,健全制度文化,营建行为文化,生成故事文化,为校园赋予文化的符号,注入文化的基因,让校园无处不盛开文化的花朵,无处不生长文化的植被,无处不飘散文化的芬芳,无处不弥漫文化的气息,应该成为我们努力的方向,每一个教育人都应该倾其心智,尽其所能,竭尽全力。

二、内涵发展离不开课堂的提质发展

过去学生的学习效益,通常建立在反复刷题和课外无休止的补习之上,

"双减"之下,已有的学习方式和既有的常态已经走到尽头,然而社会、家长对学校和老师的期望更高了。在有限时间内让学生学足学好,吃够吃饱,实现"双减"下的减负提质、减负增效,唯有提高课堂教学效率,通过课堂寻变,向课堂要质量。

因此,应关注课堂,研究课堂,推进课堂教学改革,生成有效课堂,减少课堂的随意性,降低课堂的低效性,转变传统课堂包揽的教学方式,创设学生沉浸式、主动式的学习方式,让学生拥有对学习的热情,充满对知识的好奇,让所有学生在高效学习中提升思维,在有效作业中积淀素养,在有用、有效、有趣的课堂中张扬个性,快乐学习,幸福成长。

三、内涵发展离不开学校的特色发展

教育界有人认为,学校没有特色就是最大的特色。也有人提出,办一所没有特色的学校。这是基于教育需要宁静,不需要喧嚣,不需要折腾,不能为了作秀而作秀,为了特色而特色的角度所提出的。

事实上,人与人不同,花有各样红。每一所学校,不论是城镇学校,还是农村学校,不论是规模大的学校,还是学生人数少的学校,无论是条件好的学校,还是环境差的学校,都有其自身的特长、独特的资源、潜在的优势。

特色蕴含着特长,特长深藏着资源,资源体现着优势,优势彰显着魅力。

因此,办好每一所学校都应该立足自身实际,找准自己的特色突破口,合理定位,充分挖掘自身潜力,把特长做成特色,把潜在优势做成显性优势,把独特资源做成核心竞争力,既形成多彩的学校办学特色,又提升各个学校整体的办学实力;既让所有学生学有所得、习有所获,又促进教育的均衡公平。

四、内涵发展离不开教育的高质量发展

质量是时代永恒的主题,也是教育的生命线,更是教育人的尊严之所在。质量是教育的应有之义,内涵发展也包括质量,内涵不能没有质量,没

有质量的内涵，是苍白的、没有力量的，这样的教育，也是不全面的，更不可能做到高质量发展。

质量，不仅仅代表知识、技能，也不仅仅代表分数、升学率，还代表核心素养，代表解决问题的能力，代表优雅的生活方式，代表积极的人生态度，代表德智体美劳全面发展、协调发展。

教育的高质量发展除了让学生学到相应的科学文化知识，获得相应的分数外，还要让学生拥有健全的人格、良好的品质、健康的身体、正常的心态、创新的能力、沟通的本领、科学的思维。

这就要求我们一切的教育教学行为，应该体现在对立德树人的教育使命的坚持上，对学生生命和人格尊严的尊重上，对教育本质和教育常识的认知上，对教育规律和学生身心发展规律的遵循上，对教育责任和教育良知的坚守与捍卫上。

五、内涵发展离不开师生的同步发展

发展教育，必先发展教师。从某种意义上说，教育的所有问题都和教师有关，都与教师的素质有关，都跟教师的工作状态有关，所以发展教师，提高教师的素质既是从根本上解决教育所有问题的有效之策，又是学校内涵发展的决定因素，更是落实"双减"的重要支撑和保障。

因此，学校内涵发展要紧紧扣住教师发展这个主题，一方面要重视教师专业发展，尽可能为教师的专业发展铺路架桥、搭建平台；另一方面要通过引领激励，使教师产生对教育、对学校、对学生的眷恋、牵挂，从而让教师全身心投入，全力以赴，虔诚教书，潜心育人。

教育是人学，是人的教育，教育最终指向人。学生的成长，既是一切教育行为的落脚点，也是学校内涵发展的基本取向，更是落实"双减"的最终归宿。

学生的成长，不仅仅是知识的成长，而是作为一个完整意义上的"人"的成长。成人比成才重要，成长比成功重要，教一个大写的"人"，育一个完整的"人"，比获得一个单方面的高分更重要。

为此，学校教育要抛弃那些功利性的外在"标签"，聚焦"人"，眼中有"人"，一切为了"人"，回归人文，体现人性，以生为本，着眼学生的成长。

只有师生互为依偎，相互成全，彼此映衬，共同成长，同步发展，才有学校内涵的真正发展。

学校能够得以内涵发展，一笔无形的资产将为"双减"的落地与推动厚植底蕴，奠定坚实的基础。

教育主管部门在"双减"中如何作为?

"双减"政策作为国家层面颁布的政令,在减负史上,力度空前。对各级教育主管部门来说,既是"尚方宝剑",又是"千斤重担",必须毫不含糊、不打折扣地贯彻执行。

那么,教育主管部门落实"双减",如何作为呢?我以为,应该在五个方面着力。

一、在营造良好氛围上着力

"双减"政策,是国家层面对于教育所确定的大政方针,将会对今后的教育发展,社会各层面对教育的认知与态度,教育人的教育教学观念与行为等方面产生重大影响。

教育主管部门,要利用会议、电视、网络等多种形式,加强对"双减"政策的深入宣传和深度解读,为"双减"工作营造良好社会氛围,增进全社会对"双减"的准确了解和理解,达成对"双减"政策的全面认识和共识,形成"双减"强劲的通力和合力,使"双减"政策能够家喻户晓,深入人心,使正确的教育观念、成才观念入脑入心。

二、在促进教育均衡上着力

过去学生课业负担重,补习机构火爆疯狂,学区房耀眼抢手,家长焦虑,与区域内教育有失均衡不无关系。

教育主管部门应该群策群力，不遗余力让区域教育在动态发展中趋于均衡。一方面尽可能改善区域学校办学条件。坚持雪中送炭，不肥上添膘，在薄弱学校上加大底部攻坚；重视乡村教育，办好农村小规模学校，建好城乡教育一体化；坚持文化立校，支持各级各类学校发展独具特色的校园文化，以文化实现区域学校的"迭代升级"。

另一方面，尽可能改善师资条件。加大人才引进力度，健全适度的教师流动机制，并坚持专业引领、常态培训、点对点指导相结合，以改进和提升薄弱学校的师资水平；营造书香校园，持续推进教师读书活动，帮助教师养成阅读习惯，树立终身学习理念，从自我突破、主动成长、优质内生上提高教师的整体水平。

同时，尽可能创新办学样态。大力推行委托管理、学区化办学、集团化发展、学校联盟和城乡学校共同体等多样态办学模式，通过资源整合，优势互补，以大扶小，以强带弱，以优领次，携手共进，提升薄弱学校的领导力、课程开发力、项目实施力，提高教师的教学力和学校办学水平。

除此之外，尽最大努力改进招生政策。对于幼升小、小升初，严禁测试、考试，严禁选拔招生和其他特殊招生，推行就近划片入学＋条件排序＋顺位抽签等入学模式；对于初升高，应该采取优质高中招生名额平均分配到初中学校的办法，一改现有的高中"分分清录取政策"，为中考降温，为高强度竞争和过度焦虑降温。

三、在激发办学活力上着力

办学活力是教育的第一生产力，中小学办学活力的不足，既是制约中小学教育教学质量提升的重要因素，也是过去学校失去教育主阵地，让校外培训机构恶性生长的推手。当然，更是决定"双减"能否取得实质性成效的一个关键支撑。因此，穷尽一切办法激发中小学办学活力，便是教育主管部门的当务之急。

首先给学校减负。不仅系统内要尽量减少考核评比，尽量减少对学校过多发文，尽量减少痕迹管理，尽量减少行政指令，而且对来自外部对学校的干扰和影响，还要敢于拒绝，敢于抵制，敢于说"不"。

其次要简政放权。明晰政府和学校权责边界，做到应放尽放、放管结合，本着"学校的事情学校办，学校能干好的事儿不干预"，让学校拥有更大的自主权，让校长依据专业判断大胆办学。

再次，要选准人、用好人、善待人。学校的办学活力说到底就是人的发展活力，作为教育主管部门要善于识人用人，要把那些有情怀、有担当、有积极性，而且想干事、能干事、会干事、不出事的同志选拔到校长岗位；要坚持校长、教师至上，关心他们的成长进步，关注他们的职业幸福，关照他们的合法权益，关切他们的所需所盼，促人成人，让他们都能成为尽显价值之人；要扮演好"娘家人"角色，替一线校长、教师主持公道，千万不能一味迎合、息事宁人，而随意拿校长、教师开刀，让校长履行基本的管理职责，让教师正常教学的权利得到应有的保障和尊重。

第四，推进教育治理体系和治理能力现代化建设。通过建立系统完备、科学规范、运行有效的机制体制，实现对学校的现代化治理；通过系统性的培训学习和岗位的实战演练与历练，不断提升自己的治理能力和水平，增强自己的治理经验和智慧。

四、在变革评价机制上着力

"双减"是一个系统工程，需要多方施力，尽管如此，最基本的一个着力点，却是评价。

给我一个支点，我可以撬动地球。那么撬动"双减"的支点是什么呢？那便是评价。

评价很重要，它是一种导向，一种驱动，一种激励。我们需要什么，就去评价什么；有什么样的评价，就有什么样的教育；有什么样的评价导向，就会有什么样的办学方向。

"双减"背景下，只有牵住"教育评价"这个牛鼻子，才能根治教育的种种乱象，恢复教育的良好生态，从而推动"双减"工作落到实处。

作为教育主管部门，必须迎接挑战，努力深化和优化评价机制，从英雄只问结果的静态评价，调整到关注全过程的动态评价；从只抓成绩的简单评价，走向提升核心素养的增值评价；从唯一主体的权威评价，转向多位一体的立体评价；从过去只用分数做标准的单一评价，变革为涵盖学生思想品德、学业水平、身心健康、艺术素养和社会实践等多维度的综合评价。

五、在完善监督措施上着力

"双减"能否顺利推动，监管和督导尤为重要。教育主管部门必须用好这两把"利剑"。

一方面，建立协同监管机制。对校外培训的监管，教育部门应该主动思考，主动担当。但是作为社会层面多年沉淀的顽疾，仅教育部门还势单力薄，必须建立由教育、纪检、宣传、公安、网信、市场监管、银保监等部门参与的协同监管机制，强化协作联动，不断织牢织密监管体系。

另一方面，切实加强校外培训的监管。要以"双减"部署和要求为导向，开展拉网式排查和经常性的监督检查，持续开展校外培训机构的专项整治和日常性监控，坚决查处违纪违规行为，持续净化教育领域生态，为"双减"走深走实保驾护航。

同时，进一步压实督导责任。"双减"政策要落地，除了加强对校外培训机构的监管之外，对区域内学校的全面督导，更是有效的抓手与切入点。

如果说加强对校外培训机构的监管是堵住"外侵"，而做好对学校的督导便是防范"内扰"，只有内外兼治，同时发力，才能推动"双减"，也才能将教育焦虑与内卷的"洪水"治理好。

教育主管部门应细化督导目标，压实督导责任，明确督导要求，围绕"五项管理"、师德建设、行风教风，加大督办、通报、曝光、约谈和问责力度，推动"双减"政策在区域内全面贯彻。

教育主管部门能够在这五个方面找准定位，主动作为，区域内的"双减"就一定大有可为！

第七辑 "双减"下的教育风景

贵州黔西教育散记

贵州黔西，地处乌蒙高原东部、乌江中游、鸭池河北岸，素有"一枝花"美誉，因为百里杜鹃百分之三十在这里。这里人杰地灵，历史灿烂，山清水秀，风景如画。

良好的社会经济发展背后，必有一方好的教育在支撑。这里的教育究竟如何呢？带着一种向往和探寻的好奇我来到了黔西。

当天高铁到了黔西站，已是晚上 8 点多，走出车站，黔西教科局局长蒋刘恩和黔西一中校长雷飞颖便早早地等在那里。我说，蒋局长，荣幸相识。蒋局长说，其实我们早就认识了。我很诧异，怎么早就认识了？蒋局长告诉我他是我的粉丝，六七年前在黔西二中担任校长时，便读了我的几本书——《做一个卓越而幸福的教育者》《做朴素的教育》《回归教育常识》，在书中已经相识。他说，他还把《做一个卓越而幸福的教育者》交给自己读小学的孩子看，孩子对里面阅读、学习、理想、坚持等话题很感兴趣。

在随后我们的交流中，我了解到，蒋局长是 70 后，由黔西二中校长到乡镇任职，2017 年担任黔西教科局局长。他对教育既是行家里手，又有很深的情感，教育成了他生命的全部。

正如有一个好校长，就会有一所好学校。有一个好的区域教育局局长，也就会有一个好的区域教育。蒋局长教育的经历、党政的历练，自己不断的修炼，让我和他在一起时，好似穿越了时空，让我似乎回到了过去的岁月，也似乎看到了曾经的一个身影。

蒋局长第二天要开会，他安排黔西教科局义教中心主任张天信，贵州高中名校长、贵州乡村教育家、黔西一中校长雷飞颖陪我去学校看看。

第二天一大早，我们便从县城出发，到的第一站是黔西的石雷小学。这是一所村小，有学生600多人，在编教师18人。学校虽然放假了，没有学生，但是整洁的校园，清爽的环境，师生动手创建的朴素校园文化，从校长到老师的精气神，给我们留下了先入为主的印象。

校长苏勤文，中等个子，黝黑的肤色，硬朗的身板，和善的面孔，由里到外都透出乌蒙山人的那种浓浓的实诚与纯朴。

学校操场过去凹凸不平，破损不堪，晴天，泥土飞扬；雨天，到处是积水，体育课无法上，正常的课外活动也不能开展。去年端午，苏校长带领学校十几位老师利用夜晚、节假日，加班加点，撬地皮，磨地面，修整地面，刷地面漆，他们自力更生，经过两个多月时间，硬是让操场旧貌换新颜。

有人对此不解，认为改建操场是教科局的事，是政府的事，何必让老师吃这份苦头呀！他们响亮地回答，作为老师，能够身体力行为改变学校面貌做点奉献，能够为教科局和政府分点忧，这有什么不行呢？

苏校长深有体会地对我们说，老师们虽然牺牲了休息时间，但是在参与过程中，既磨炼了意志，又增强了团队的凝聚力和向心力；既增强了主人翁意识，又收获了快乐和幸福；既给孩子们做好了劳动示范，又凝练与塑造了一种奋斗的精神。我很感动于他们的这种干劲和精神。

作为一所村小，这些年来，学校一直践行陶行知教育思想，一直坚持课堂改革。围绕陶行知先生的"小先生制"，学校数学老师杨宁通过实践与探索，蹚出一条路。孩子们在合作中学，在探究中学，在"小先生教小先生"中学，最终实现了孩子自主学习、自主管理、自主成长。

苏校长将杨老师的这种方法，在全校推广。老师们在杨老师的指导下，通过逐渐尝试，一改过去的"满堂灌"，尽量做到少讲、精讲，讲到关键处，讲到孩子不懂的地方，让孩子成为课堂的主人，把课堂还给孩子。慢慢地，课堂变得有用、有效、有趣了，老师们也从中尝到了课堂变化的甜头，都坚定地走课堂改革之路，由此让真正的"课堂革命"在一个村小竟得以生机蓬勃地开展。

苏校长告诉我们，学校临近退休的张正祥老师对他讲，他通过变革课堂，让自己教得轻松，孩子们学得投入，学得愉快，他感觉前几十年的书像白教了一样。当天晚上，苏校长给我发来张正祥老师写的教学反思，他在教学反思中写道:"经过几十年的教育生涯,我现在才开始学会反思,长期以来,我们百分之九十的老师在教育学生的道路上都犯了大错,那就是教育方法单一、死板,甚至是暴躁,从而导致我们的学生成了读死书、死读书的工具……"我反复读了几篇,既感动,又深受启发。

随后我们来到黔西的洪水中学,这是一所有500多名学生的初级中学,学校教学质量高,但是他们没有直接拼分数,而是坚持立德树人,五育并重,在育人的同时也自然育了分,让学生既拥有了分数,又成了优雅的生活者、幸福的学习者。学校开设的包括书法、篆刻、摄影、器乐等16个社团,学生们参与其中,这些社团不仅激发了他们的学习兴趣,张扬了他们的个性,也给学校注入了活力。

该校前任老校长赵高洪捐资8万元,利用学校空地建起了花卉种植园,种植园中有菊花园、芍药园、月季园、牡丹园等13个园区和一个育苗大棚。在赵老校长的带领下,学生们从育苗、栽种,到施肥、浇水、除草、修剪,全过程参与其中。孩子们既学到了劳动技能,又培养了热爱劳动的品质;既涵养了积极的生活态度,又具备了创美、审美、欣赏美的能力。

校园里有了这样一个花卉种植园,既点缀了校园,又成为学生们摄影、美术写生的基地。学生们把培育的花苗带回家栽植,把侍弄的花盆带回家摆放,对美丽家庭、美丽乡村建设也是一种贡献!

看完洪水中学,我们一行又驱车来到黔西新仁苗族乡的化屋村小学。化屋村位于乌江六冲河与三岔河交汇处北岸,处于乌江源百里画廊的核心景区,是黔西最具代表性的苗族聚居村落。这里也是之前习近平总书记在贵州考察的第一站。

化屋村小位于山脚,山顶是"乌江源百里画廊"的观景台,脚下是清澈碧绿的乌江穿流而过,对岸是"乌江源百里画廊"重要景观"大鹏展翅"。

走进校园,校园不大,仅有一排两层高的教学楼和一小栋教师、学生宿舍,却明亮整洁,文化浓郁,令人眼前一亮。在教学楼二楼,建有化屋民族文化陈列馆,各种民族服饰、民族农耕用具、民族文化用品,向人们展示了源远流长、灿烂多姿的民族文化,讲述了民族进步与学校发展的生动故事。

学校教师不多,包括校长在内,只有四名教师,原化屋小学教师杨琼,作为第九届全国人大代表,曾受到了时任总书记胡锦涛的亲切接见。学校学生也很少，只有 60 多个，属小规模学校，但是这些孩子在老师的细心教导下，在书香中浸润，在社团活动中体验，在幸福的学习生活中成长，都活泼开朗，阳光自信。习近平总书记当天在化屋村文化广场接见群众时，站在总书记身边的那些如花朵般灿烂可爱的孩子，便是化屋村小的学生。

离开化屋小学，我们又来到黔西的另一所村小——西溪小学。西溪小学虽仅有 200 多名学生，14 名教师，但是校园面积很大，特别是校园中的两片大树林，是其他学校所不具备的资源。

校长陈芳有教育热情，也有教育情怀，对乡村教育有深刻的理解，对什么是好的乡村教育也有独特的见解，对办出孩子们喜欢的乡村学校，这些年在不断探索，而且做出了很多努力。这里的村庄也因有这样的一所乡村学校，显得有生气，充满着希望。

对乡村小规模学校我特别感兴趣，对于西溪小学下一步的发展，我建议陈芳校长依托校园两片大树林，建读书林，"大树下面好读书"，通过构建书香校园，帮助孩子们养成良好的阅读习惯。同时利用校园里的空闲地，建开心农场，给孩子们一个接受劳动与生活教育的阵地。

前两天收到陈芳校长给我发的微信："这次您在我们学校提出的宝贵意见，我已经记住了，准备沉淀一下，融入下一步办学思路，等您下次来检阅！"看到微信，我很欣慰，也充满着期待！

当天的最后一站，是黔西的锦星小学，开完会的蒋刘恩局长也赶了过来。

这是一所中心小学，有学生 800 多人。原校长朱才利一直坚持学陶行知，应该是"老陶子"了，在陶界颇有影响，也结识了不少陶界朋友。2016 年 1 月，中陶会在阆中召开"朴素而幸福的乡村教育"全国现场推介会时，时任黔西教育局局长王应祥带了一批校长参加，他是其中的一员。

朱才利校长学习力、感悟力、执行力都很强，当时参观阆中乡村学校，他看到阆中乡村学校里的劳动实践基地、农耕博物馆、开放式书架、读书长廊等各具特色的校园文化时，深受启发。回去之后，他便充分学习借鉴。第一步，先从老百姓手中流转到靠近校园的土地 15 亩，建起了劳动实践基地。我们一行人漫步实践基地，辣椒、番茄、南瓜、韭菜、大葱、茄子……郁郁葱葱，长势喜人，一派生机盎然。当天晚餐蒋局长安排在锦星小学，食材全是从实践基地现采现摘现加工。

　　除建劳动实践基地外，朱校长还发动师生捐献农耕用具，收集相关的一些濒临失传的生活、文化用品，建起了农耕博物长廊。然后建书壁、书橱、开放式书架，营造出了浓郁的书香校园。接着朱校长组织师生动手创设教室文化、楼道文化、围墙文化、运动场文化，特别是利用校园中一个大池塘，种上荷花，如今已是"接天莲叶无穷碧，映日荷花别样红"了。

　　我们看完学校，已是夕阳西下。蒋局长和我们来到荷塘中的读书亭，夕阳的余晖洒在荷叶上，几只蜻蜓蹁跹其中。我们一边赏风景，一边谈教育，一边品尝煮苞谷，这些苞谷是刚刚从劳动实践基地掰下的。置身其中，大家心旷神怡。

　　朱校长2017年离开锦星小学，被调到黔西一小任校长，继任校长唐智又在原基础上有延续，在传承中有拓展。如今的锦星小学犹如镶嵌在黔西大地的一颗璀璨明珠，成为名副其实的黔中乡村名校。各级领导相继视察，各地同行接踵而至取经学习，贵州省教育厅曾两次在学校召开现场会。

　　第三天上午，我们去了朱校长现任的学校——黔西一小。黔西一小作为老县城的一所学校，同其他很多地方的老县城学校一样，由于历史的原因，校园占地面积很小。尽管如此，学校利用现有条件创建校园文化，营建书香校园，研发校本课程，给孩子们搭建了"课本剧表演""国学经典诵读""好口才，伴成长""器乐展演"等舞台，让学校的每一面墙壁都说话，一草一木都育人，每个角落都是教育，时时处处都是课程，从而让校园成为师生幸福成长的学园、乐园、花园、家园。

　　对于学校怎样进一步加强生命教育、推进读书活动等，我谈了一些看法和做法，也期待黔西一小未来的精彩！

　　在贵州黔西短短的几天时间里，我感受到了这里教育人——从局长到校长到老师的教育激情，还有改变并发展一方教育的信心和决心；我也看到了这里的教育，从村小到乡村教育到城区教育所富有的活力，所呈现的良好生态，所蕴涵与展示的美好，更看到了美丽的黔西因教育所带来的一派欣欣向荣与蓬勃生机。

　　致敬，黔西！致敬，黔西教育！致敬，黔西教育人！

劳动教育风景这里独好

和广州市劳动教育管理人员提升班学员一道,参观广州市增城区曾江小学。曾江小学以劳动教育特色立校,把劳动教育作为撬动"五育并举"教育体系的一个杠杆。学校结合实际在楼顶建起了"楼顶药园",在校园合理布局,开辟了"校园花圃""城市小菜地""5A小农田"。

尽管时值深秋,校园劳动实践基地里的药草、菜苗、花卉,绿意盎然,长势喜人,一派生机勃勃的景象。大家驻足其间,无不拍手称奇。

生态文学作家温德尔·贝里曾说:"很多儿童再不能理解食物的来源,再不能认识动植物,再不能对民俗地理感兴趣,再不能格物致知、了解自然这部巨著,再不能从这个四季流转的星球获得创造力。他们不知道水自何方来又去向何处,而我们人类,也不再以欢庆的方式礼拜自然。"

温德尔·贝里曾这段话蕴含的一个道理,就是孩子们"最好的成长,在自然""最好的劳动,在土地上"。

正由于此,所以我一直主张,我们的学校一定要有让孩子与"土壤"打交道的劳动实践基地;让孩子能够走进土地、亲近土地,让孩子们在将指甲嵌满泥土时,拥有植物性的生长力量。

增江小学的教育人便认识到了这一点。在不少学校还把劳动仅仅局限于扫扫地、擦擦玻璃、搞搞卫生时,他们却拓展了劳动的空间,丰富了劳动的内涵;在很多学校因为没有"实践基地"而犯愁作难时,他们却别出心裁,利用楼顶和校园可以利用的空地建起了"农场"。这足见增江小学一班人的见识、用心与教育智慧。

校长李燕清告诉我们,学校劳动社团的孩子,利用劳动课和平时,分组认养农作物，负责松土、栽种、浇水、施肥、除草、间苗。劳动老师带着孩子在这里认识农作物，了解植物的各种习性；数学老师带着孩子到田园地头，教他们学习测量土地，认识几何图形；科学老师带着孩子测量温度，观察植物的生长变化；语文老师带着孩子写观察作文……劳动实践基地，成了学校最生动，也是孩子们最喜欢的课堂。

李校长还告诉我们，校园这些劳动实践基地，既给孩子们提供了一个劳动体验、分享合作的平台，又为此打造了一个自然、绿色、生态、和谐、低碳、文明的校园；既让孩子们习得了幸福生活的能力，又让孩子们在劳动中享受到了劳动带来的愉悦与快乐；既让教育在劳动中回归到了本原，又达成了以劳树德、以劳增智、以劳强体、以劳育美的目标。

学校还基于儿童视角，以劳动实践作为开展 STEM 学习的载体和内容，构建了系统化、结构化的劳动教育课程，包含"家务达人""智趣拼装""游戏创编""能工巧匠""田园 STEM＋"五大领域，各领域又细分为不同板块。

比如"田园 STEM＋"包含"土壤改良、创意农具、有机肥料、环保农药、绿色种植、健康小厨"六个板块。根据学生的认知水平及思维能力，各年级段课程各有侧重，渐进式提升。低年级段注重劳动体验，中年级段注重劳动探究，高年级段注重劳动创造。

同时，学校注重劳动文化氛围的营建，漫步校园、药园、花圃、菜地、小农田，每面墙壁的诉说，每幅劳动标语的表达，每个劳动标识的提示，一道道劳动景观的呈现，无不弥漫着文化的芬芳，也充分彰显着文化的魅力。

置身其中，一股浓郁的劳动文化气息扑鼻而来，沁人心脾，让我们在场的每个人似乎也接受着文化的浸润与熏陶。

学校所设立的播种节、收割节、采摘节、丰收节、感恩节、品尝节、烹饪节……为劳动赋予了一种节庆、一种庆典，寓劳于"节"，寓劳于"玩"，寓劳于"乐"，让劳动变得美好温馨、别具情趣，也为劳动教育注入了强大的生命力，更激发了孩子劳动的心理需求和热情。这里的孩子盼劳动，期待劳动，由"要他劳动"，真正变成了"我要劳动"。

在推进劳动教育中，增江小学还建立和完善了科学的评价机制。

这些年来，学校坚持形成性评价与总结性评价并行，评价量规与非正式评价并用，个人评价与小组评价并重，自评与他人评价并需，实施多维与多元的评价，让劳动教育落地开花，枝繁叶茂，让劳动课与语文、数学平起平坐，让孩子通过劳动的洗礼，发展了必备品格和关键能力，从而成为更好的自己，为孩子未来的生存与发展，未来人生的快乐与幸福，打下了坚实的基础。

当然，教师全员、全面、全过程参与劳动课程的设计与架构、劳动教育的实施与推进，与孩子们在同一片蓝天下共同劳动，既让教师的专业素养得到了从量变到质变的跨越式提升，又涵养了童心，收获了职业幸福，远离了职业倦怠。

学校发展也由此上了台阶。在今年，增江小学先后被评为广东省绿色小学，广东省第一批中小学劳动教育特色学校，广州市劳动教育特色学校、试点学校。

相信在未来的漫漫征程中，劳动教育将进一步厚植于这片沃土，增江小学的劳动教育将形成一道更加亮丽的风景线，也将散发出更加璀璨夺目的光芒。

绚丽绽放的朴素教育之花

应二十一世纪教育研究院和广东省时代公益基金会之邀，我在广州参加了"田埂花开"在地教师孵化计划校长领导力培训班相关活动。21日上午在广州时代集团总部参加开班典礼，并听取了时代教育集团任洪波总校长的《好教育、好校长的"特质"》，以及深圳市百仕达小学熊佑平校长的《百仕达小学的阅读与体育》两个报告。

尽管一夜之间，温度降了十多度，但大家为了乡村教育，心是炽热的。第二天一大早，培训班学员都在7点准时上车，赶往中山市五桂山桂南学校。

这是一所九年制民办农村学校，开办于2003年。学校坐落在中山市生态保护区五桂山脚下，植被茂密，绿树成荫，环境优美，空气清新，犹如一个天然大氧吧，又好似一个令人向往的世外桃源。

大家进入学校，环望校园，通透式围墙、大树脚下、楼道、走廊、墙壁、花台、读书亭、风雨操场等，到处摆放和悬挂的都是师生的各种作品，或陶艺，或书画，或剪纸，或刺绣，或各种手工制作，可谓琳琅满目，让人赏心悦目、目不暇接。

置身其中，我们的感觉是这哪是学校，分明是一座博物馆，是一个美的世界、艺术的殿堂。

桂南学校校长石磊，是一位有想法、有情怀的校长。他一边带我们参观，一边给我们介绍学校的基本情况和办学理念。

他说，学校现有39个教学班，在校学生1800多人。主要接纳的是外来务工人员子女，普高升学率仅有25%。学校转变办学观念，坚持五育并举，立德树人，做让孩子感知"原来可以这样""原来我也可以"的教育，为他们的人生提供更多的可能性。

最特别的是以美育为突破口，用视觉的图像表达阐释"非语言"内心，将"不可说"的情绪和"如何说"的方法用图像呈现，以作品体现，通过丰富的视觉语言，引导学生表达自我、认识自我、理解自我、完善自我，并力求以美育培德、启智、健体、益劳，培养学生的行为习惯和审美情趣，从而让孩子自己成为世界里的一点美好。

"让自己成为世界里的一点美好"是学校的核心办学理念，诗意、温馨、暖人。

他还给我们介绍，学校注重文化与艺术氛围营造，从有限的经费中挤出资金，建立了学校美术馆以及满足全校学生进行美术活动的四个工作室。

我们一边听石校长介绍，一边用心地欣赏与感受校园里的艺术与文化氛围。

我们惊奇地发现，除了校园里到处都是艺术作品外，几个美术功能教室、会议室、阅览室的墙面、横梁和天花板上，都挂着各种艺术作品。美术功能室的柜子上，都摆着线布、卡纸、木板、瓶盖等物料以及各种绘画工具和颜料。即使是校园、教室内外不经意的地方，都被艺术品点缀，或者被艺术化。

教学楼的下水管被造型成一棵棵枝繁叶茂、挂着累累硕果的大树；墙壁上的消防箱、配电板，被孩子用五颜六色涂抹成一幅幅抽象画；就连室内的空调管、电线，乃至桌椅，都经过了一番"装点"，被赋予了一种独特而且可以触及的美。

在一些学校，这些地方往往是锈迹斑斑、布满灰尘，甚至污秽不堪，与校园格调极不协调，而在桂南学校，却不露痕迹地被孩子们雕饰成了一件件精美、雅致的艺术品。

石磊校长说，艺术是最好的美育，学校以艺术进行美育，学生通过艺术去思考自然、感受他人、邂逅生命，通过接受美育，懂得发现美、欣赏美、创造美。

学校用浓郁的艺术气息所营造的浓厚的校园文化氛围，让大家啧啧称赞，惊叹不已。

其实，更值得我们称赞与惊叹的是，孩子们创作这些艺术作品所使用的材料，都是孩子们身边随手可得之物、随地可拾之材，包括一些废弃物料。比如一根树枝、一片树叶、一块卵石、一截竹筒、一张报纸、一堆泥土、一枚纽扣、一卷毛线、一件旧衣服、一只废纸箱、一听易拉罐、一个雪碧瓶、一条破麻袋……

孩子们就地取材，变废为宝，以灵巧的小手，奇特的想象，通过粘、钉、磨、钻、缝、绣、糊、捏、画等不同技术技法，硬是巧夺天工、妙趣天成地创作出了一件件栩栩如生、活灵活现的艺术作品。

比如各个班的班级标识牌是孩子们用当地的竹筒做成的；班级的开放式书架是孩子们用竹片、木条以独特的创意构思而成的；教室内外挂的励志标语是孩子们把废旧木板弄成古色古香，并在上面烙上字制作成的；艺术陈列室的一道屏风是孩子们用长短不一的竹子，通过彩绘，进行艺术组合而成的；下水管被装饰成树，树干是在管道上用旧布粘贴，再上色，树枝采用的是废旧木棍，树枝上的树叶和果子，则是学生用废报纸剪贴和糊捣成的。

我们站在"树下"，一股股带着海腥味儿的冷风吹过，"果子"摇曳碰撞，像风铃一样，发出悦耳的声响。二十一世纪教育研究院的小王闭着眼睛，凝神静听，享受着一份浪漫与情趣。

桂南学校从当地聘请了张涛老师和关勇老师作为驻校艺术家，分别担任环艺和艺术指导老师，专门负责对学校美术教师进行培训和指导。

张涛老师告诉大家，校园环境和文化的建设不一定要高成本，也不一定要高大上，利用当地及身边的资源，挖掘本土文化元素，依托朴素的材料，师生一起参与、一起动手，既有更多的探索和实施空间，又能节省开支，还能做出接地气、师生喜欢的文化。这样的一个过程，其本身就是最好的美育，最真实的教育。

关勇老师对大家讲，学生动手在学校里进行艺术创作，并延伸至生活中的修补、针线、木工，甚至电工等技能，通过真正地融入学生的生活中，再潜移默化到学生的身体及生命里，这就不仅仅是上美术课这么简单。这些观点和做法，同我一直主张的朴素教育理念，完全不谋而合。

桂南学校的"美"，不仅体现在环境、文化、艺术之美上，而且还体现在课程之美、课堂之美、活动之美中。

学校对国家教材内容进行重构，同时根据学校所处地域以及环境，人文等特点，形成了具有特色的一系列地方课程、校本课程。学校还开放课堂，让学生走出教室，到田间地头，到学农实践基地，到美丽的大自然，看蓝天白云，听潺潺流水，闻鸟语花香，进行采风写生，劳动体验，研学游学。

　　与此同时，学校还挖掘地方民俗，对接社会经济发展，结合美育与艺术教育，开设了诸如泥塑、陶瓷、木工、电器、刺绣、科技等社团，让每个孩子充分彰显个性、在校园里抬得起头，也给他们面向未来及人生提供相应的能力准备。

　　桂南学校的"美"，是一种大简之美，是一种朴素之美。这种美，不仅持续，而且更有魅力；不仅触及感官，而且深入灵魂。在这种美的熏陶下，学生所焕发出的创造力更强，状态更好，内心更丰盈。

　　"让自己成为世界的一点美好"，在桂南学校，因为朴素之美，而得以生动诠释！

我见证了这里教育的朴素与幸福

重庆彭水县即将整体推进校园阅读，以校园阅读撬动区域教育生态的改变，利用参与策划之间隙，我们去了彭水县民族中学。

彭水县民族中学是一所有6000多名学生的完全高中，校长李俊，80后，1米8的个子，端庄的身材，尽管架着一副眼镜，眉宇间仍透出一种敏捷与睿智。尽管饱读诗书，有着一个教育人的儒雅与文静，言行中却仍遮掩不住一个大校校长应有的霸气。他已担任民族中学校长5年时间。

2018年3月，我第一次去彭水县民族中学，学校刚迁建于新城区不到一年时间。新学校尽管占地260多亩，但当时给我的感觉是除了校园宽敞明亮，楼房气势恢宏，设施一应俱全外，学校的文化、绿化等还是一片空白。

没想到的是，三年多的时间，学校面貌已焕然一新。校园不只有高大上的建筑，气势磅礴的楼房，还有师生自己动手，为一楼一道，一墙一壁，一草一木所烙上的文化符号、注入的文化基因，这让校园文化飘香，浓郁芬芳，有着与其他高中校园不一样的典雅情致。

特别让我们惊奇的是校园里的劳动实践基地。李校长告诉我们，这些地块，按常理应该花大价钱搞绿化，但他认为，那搞上去的绿化，虽然省事却没有教育意义。于是他们调整思路，打破常规，独辟蹊径，将校园这些本应用来绿化的地带，分区域规划成一片片劳动实践基地，每片实践基地又分设若干个园，"清华园""清北园""秋成园""星梦园""朝花夕拾园"……这些既是学生们的开心农场，又是他们的实践阵地，还是他们寄予理想、放飞梦想的摇篮。

学校研发了劳动课程，每周安排固定的劳动课时，利用实践基地，切实推进劳动教育、生活教育和综合实践。在很多人的眼里，这些课程又不能提分，有什么用！然而正是这些"无用"的课程，既让学生学到了劳动知识，又让他们热爱上了劳动；既磨砺了学生的劳动品格，又培养了他们对乡土的情感；既让师生吃到了绿色蔬菜、放心蔬菜，又绿化、美化了校园；既为学校省去了一大笔绿化资金，又将匠人工程转化成了一种最真实、最鲜活的教育。

我们一行人顶着烈日，徜徉在一片片实践基地。在这个季节，茄子、辣椒、番茄、韭菜等长势喜人，在烈日的照耀下一派生机盎然。这些"菜园子"点缀于校园，和校园里的一切融为一体，相映成趣，为校园增添了无尽的活力和生命力。

当天午餐，我们从劳动实践基地里摘下茄子、辣椒，叫师傅给我们做成炒茄丝、凉拌合包茄、醋熘辣椒，尽情品味民族中学师生的劳动成果，这顿饭有了特别的感觉和味道。

我为李俊校长这一做法击掌叫好，李校长很谦逊地回应道："这还不是受你汤局长朴素教育的影响。"

学校依托山势，形成了很多面石壁和堡坎，李校长组织师生和家长，搭上竹架，种上丝瓜等，藤蔓顺架而攀，顺壁顺坎而爬，形成了校园一道道亮丽的风景。李校长说，随后他们将在竹架下搞养殖，让学生呵护侍弄小鸡、小鸭、小兔等，对学生进行生命教育。

除了已经种植的"园子"，在校园中还刚刚开垦出了一片片基地，李校长说，新学期他们将采取"招标"的方式，由各班级学生制作劳动"标书"参与竞标。

我当时不禁有感而发，教育哪是书本上的那点知识，只要教育人有心、用心，时时处处都是教育，方方面面都是课程。

在彭水县民族中学，我除了感受到教育的朴素之外，还见证到了这里教育的幸福。一到校门口，学校的核心办学理念"这里遇见，是我幸福的开始"，便彰显着一种价值与取向——幸福。

为了老师的幸福，学校坚持"教师第一""教师立场"、人文管理、人本关切、人性化关怀。学校从不要求教师打卡，也从不要求教师坐班。孩子生病了，家里有急事了，教师可以随时调课。李校长对我们讲，正是对教师们的这种宽松、自由与信任，相反，老师们的工作更自觉、更主动了，谁都不愿意落下一堂课，谁也不情愿在教育教学上马虎。

为了学生的幸福，学校开设了"幸福课程"选修课68门，课程丰富多元，激发了学生的学习兴趣，培养了学生面对未来生活的信心和勇气；组建了40多个学生社团，学生们根据兴趣选择相应社团参加，彰显了各自的天赋，从而在校园里都能抬得起头，今后都能够以更好的姿态融入社会，适应未来；学校紧跟新高考改革动向，全面实施了生涯教育，引导学生制定人生目标，树立正确的世界观、人生观和价值观；推进研学实践，让学生在实践过程中学会价值体验、责任担当、问题解决、创造创新；营造书香校园，开展阅读活动，让学生养成良好的阅读习惯，让阅读成为陪伴他们一生的关键能力。

"君子爱分，取之有道"。我见过的很多完全高中，教师和学生的日子都不好过，差不多都是被捆绑在应试教育的战车上，为了分数，拼得你死我活，天昏地暗，哪有什么教育的朴素和幸福，哪有什么"道"可言！

而彭水县民族中学却让我大开眼界。这样的一所高中学校，在世俗所认知的高中学校不可能有什么朴素和幸福的背景下，却让我见证了教育的朴素和幸福，见证了他们的"取分之道"，不是违背教育规律和学生身心发展规律，不是死整蛮干、一味拼分数，不是把学校办成应试的工厂，把学生当作考试的机器，而是立足于教育的朴素与幸福，立德树人，力求人人成人，成为他应该成为的那样的人。

不刻意栽花花更艳，不刻意插柳柳成荫。彭水县民族中学跳出教育看教育，跳出高考抓高考，却恰恰让学生和学校拥有了分数。民族中学在彭水中学和彭水一中两个"老大哥"面前，很显然，学生生源入口低。前三年，高考重本为零，而今年重本上线达一百一十多人。这其实不重要，重要的是这里的师生们都过上了一种快乐而幸福的教育生活！

在民族中学短短的一段时间，我们不仅见证了这里教育的朴素和幸福，而且也印证了教育有了朴素和幸福，自然会有分数、成绩，也会有温度、温暖，更会有教育的高质量发展和一方教育的美好！

初冬泰和行

8月份我接到夏中沣校长的电话，他说他刚到一所新建的学校做校长，老师们都是从全县各个学校考调的，在开学前对老师们进行集中培训时，想请我给老师们做一个讲座。我看了下行程，这个时间点还允许，便答应了夏校长。后来那几天疫情出现了反弹，夏校长给我发来信息，说按当地防疫要求，讲座只有延后举行。

国庆节前，疫情有所缓解，夏校长再次发出邀请，我们约定在10月底成行。可到了那个时间段，再次出现了一波疫情，没办法，讲座只好又搁浅了。

11月底，疫情终于平息了下来。就在前几天，我应邀为江西省抚州市南丰县的校长及教育管理干部做讲座。夏校长听说我到了南丰，他告诉我泰和离南丰不远，请我结束南丰之行后到泰和去和他们的老师交流交流。

结束南丰讲座的当天下午，我坐高铁到南昌西站，又从南昌西站换乘去泰和的高铁。当晚7点多，便到了泰和。

匡小兰校长曾在泰和的一所农村学校担任校长，她喜欢阅读，也喜欢写作，时常在教育报刊上读到她的文字，为此因文字而相遇，因共同的志趣而结缘，因都有对教育深厚的情怀而成了从未见面的好朋友。我们经常通过微信和电话交流读书心得、分享写作成果，她时常还就乡村学校办学中的一些问题同我探讨，我根据这些年的思考与实践，给她提出了一些建议。

我知道，她负责的学校，通过她的倾情付出，营建乡土味的校园文化，建设书香校园，推动师生阅读，注重孩子的动手实践，立足乡土对孩子进行生活教育，给每个乡村孩子以适合的教育，让这些乡村孩子拥有了快乐的童年，都过上了幸福的学习生活。

匡校长沉浸在这样的氛围中，全身心地投入，享受着曼妙的时光和乡村教育的美好，收获了教育人生的别样风采。这一学期，她被调到教体局机关工作。尽管机关工作令人向往，但是匡校长却心牵孩子，心系学校，仍期待和孩子在一起。

夏中洋之前作为教体局基建办主任，负责全县学校建设，滨江小学便是他一手建起的学校。由建学校华丽转身为管学校，夏校长以他的年轻、充满激情、思维敏捷、精明能干，以及对教育的情感，还有这些年从另外一个角度看教育、从更宽泛的视野关注学校，所积淀的对教育的独特理解，对办一所孩子们喜欢的学校的热切向往，让他很快进入角色，打开了学校发展的局面。

一出泰和高铁站，夏校长和匡校长便迎了上来，虽是第一次见面，彼此的那种亲切与激动，就像多年未见的旧友重逢。

夏校长对我说，滨江小学将着力于推进师生阅读，帮助师生养成良好的阅读习惯，让阅读助推老师专业发展、孩子幸福成长，用阅读照亮一方教育，以阅读点亮师生幸福人生。

第二天一大早，夏校长陪着泰和县教育体育局党委书记、局长谢贵何到宾馆接我去滨江小学。当天是星期六，我说作为教育局局长，周内事务多，一定很忙，周末难得调节调节，为此打扰，很不好意思。谢局长说，他周末也没有闲过，这也是难得的向老局长学习的机会。

谢局长给我讲，泰和地处赣中南吉泰盆地腹地，居赣江中游，泰和县古称西昌，于东汉末年建县，因"地产嘉禾，和气所生"而得名。泰和文化是庐陵文化的重要组成部分，开科取士以来共产生状元 3 名、榜眼 4 名、探花 4 名、进士 399 名。泰和也是井冈山革命根据地的组成部分，有开国将军 18 位，革命胜迹有白云山战斗指挥所、老营盘革命烈士纪念碑、马家洲集中营、三十都秋收暴动动员大会旧址等。

我们驱车来到滨江小学，映入眼帘的校园宽敞明亮，整洁干净，一栋栋气派的建筑用廊道连成一个整体，颜色搭配鲜艳雅致、壮观大气，又符合少年儿童的审美情趣。夏校长说，这是一所新建学校，今年 9 月 1 日才投入使用，小学一年级划片招生，其他年级学生按片区由相关学校分流，现有学生

2600多人。学校这里是杨士奇祖居地,他们从杨士奇的思想中提炼出了一些文化元素,对师生进行人文历史、爱家乡和传承本土优秀传统文化的教育。

讲座在学校的学术报告厅进行,报告厅可容纳一千多人。我们进入报告厅,滨江小学及其片区其他学校的老师,大致有三四百人,已经全部落座。我讲的主题是《怎样做一个幸福的教师》,鉴于当下不少老师过早地对职业的倦怠,我从意义感、积极情绪、良好心态、健康生活、人际关系、持续的学习力、教育理性回归、情操修炼等方面,与教师们交流了教师职业幸福的密码。在最后总结的点评中,谢局长以自己对教育的情感,对学习的理解,对师德的涵养,对好的教育生态的构建,语重心长地向老师们提出了殷殷期望。

讲座后谢局长告诉我,他师范院校毕业后在学校担任过几年教师,后辗转党政多个部门二十多年,今年年初又回到教育,到现在刚十个月时间。

我们聊志趣爱好。谢局长说他喜欢研究文化,特别是对泰和文化研究得很透彻。难怪他对泰和文化了如指掌,给我们讲起来如数家珍。他还喜欢书法,一有时间便坚持练字,对书法有很深的造诣。他还喜欢阅读,特别喜欢读教育名著,包括卢梭的《爱弥儿》,杜威的《民主与教育》,布卢姆的《掌握学习》,苏霍姆林斯基的《教育的艺术》,佐藤学的《静悄悄的革命》,等等。当谈到一些老师教书不读书,却要求孩子读书时,谢局长感到不可思议,他说他一年坐在马桶上都要读五百多万字。

我们聊教育情怀。谢局长说,他利用讲座中的休息时间,看了我送给他的《教育是美好的修行》中我写的自序《教育有"毒"》,很敬佩我的教育情怀。他说他做教育局局长时间虽然不长,但觉得教育太重要了,肩上的责任太重大了,面对的头绪和矛盾也真是太多了,如果没有一种情怀,是干不好教育的,也是坚持不下去的。

有太多需要交流的方面,相聚短暂,相见恨晚。但我会拾掇起这些瞬间与美好,编织成岁月的宝袋,锻造出记忆的金链,一路前行,步履轻盈……

祝福泰和教育,也祝福泰和滨江小学!

把老师办公室建在书橱中

——四川省阆中市民族小学偶得

陪湖北武汉亿童的甘总、邓老师，路过阆中古城，在阆中市民族小学门口，我潜意识地停了一下，且克制不住一种进去看看的冲动，毕竟校园里的一草一木、一墙一壁、一廊一道，曾经或多或少都有我的一些理念与主张的印迹。

我们欣赏着两边墙壁上的民族文化，却一下被校园里的"阳光书屋"所吸引。

书屋的屋顶是通透的，深秋雨后初晴的阳光从屋顶洒向书屋，满屋子的阳光，靓靓的，暖暖的，伴着四壁书橱里的书所散发出的浓郁书香，吸引住了我们的视线，牵住了我们的脚步。

我们在阳光书屋坐下，从书橱随手取了两本书，信手而翻。在这里看书的老师十分热情，给我们沏来了茶。我们边品茶边聊书，书香、茶香，还有从室外飘进屋子的阵阵三角梅、茶花、菊花等花香，让我们好惬意。

我给甘总介绍，民族小学连续几任校长都重视书香校园建设，早在十多年前他们便建起了咖啡书屋。老师们利用课余来到这里读书，可以在咖啡机上自磨一杯咖啡。温馨的读书氛围，让老师们特别喜欢这个地方，久而久之，老师们也就慢慢有了读书的习惯。

学校还在校园建起了很多开放式书壁、书架、书柜、流动式书车，将图书室里的书搬到了走廊、过道，让书充盈于校园各个角落，让人们望向校园的第一眼，看到的一定是书。

我还给他们讲，校园里有一棵大黄桷树，有一句话叫"大树底下好乘凉"，有一次我到民族小学，见到这棵树，说到读书，一时灵感，将这句话演化成"大树底下好读书"。时任校长杨杰后来做了一个"大树底下好读书"的木牌，放在这棵树下。这里便成了师生读书的又一个好去处。

一行人正陶醉于这样的氛围中，民族小学校长刘光泽赶了过来。他给我们介绍，为了助力教师专业成长，有效推进学校课堂的变革，这一年来，他们在原来书香校园建设的基础上，又建了阳光书屋，改建了老师的办公室，把相关适合教师阅读的人文书籍、教育理论读物和教师业务用书，全搬到了阳光书屋和办公室，以此为老师们创设更方便的读书条件，搭建更廉价实用的成长平台，架设一扇通向外面世界的窗口。

刘校长随后带我们参观老师们的集体办公室，集体办公室与阳光书屋相连。尽管办公室略显拥堵，办公设施甚至还有点简陋，但是办公室四周的墙壁上全是书橱，学校把办公室建在书橱中，很是别致。这与我过去倡导的"把学校建在图书馆中"如出一辙，有异曲同工之妙。

书橱中密密麻麻放满了书，老师们生活在书的天地，在书的世界办公，书籍分分秒秒都进入了老师的视线，老师每时每刻都与书相遇，都受到书香的浸润，书对于老师，随地可取、触手可及，一有时间就可拿着书读。

我有一个观点，一个人哪怕不读书，只要他随时拿着书，兜里揣着书，桌上放着书，床头搁着书，视线所及的地方摆着书，长此以往，在书香的熏陶下，都会具有书生的味道和气息，都会有读书人的样子。

民族小学这些老师平时读书是一个什么状态，我还来不及了解，但是他们在这种环境中由此自然而然地所涵泳的那种独特的气质，所散发的那种文化的芬芳，所荡漾出的那种满满的幸福，却让我眼前一亮，心灵为之一震。这就是书籍的力量，书香的魅力！

老师差不多都认识我，他们看到我，都亲切地和我打招呼。看着他们的那种精气神，那有光的眼神，那会心的微笑，那从容的仪态，我都深受感染，有了一种特别幸福的感觉。

我当时情不自禁地感慨道："营建书香校园，就应该从营建教师的书香办公室做起。让教师收获职业幸福，就应该从关注教师读书，让教师拥有书香人生抓起。"

阅读带来的影响和改变，往往是巨大的，是潜移默化的。当读书始于日常、阅读形成习惯，老师们的眼中就有了光，职业就有了幸福，孩子们就有了快乐，教育就有了好的生态。

　　听刘校长说，他们由读书改变老师，再由老师改变课堂，让课堂发生了深刻的变化，让孩子们学习的方式发生了根本性的转变。囿于时间关系没有深度走进。留待下一次吧，有期待的日子总是那么美好！

春暖花开，飘香万家
——我对四川省阆中市凌家坝小学的期待与定位

四川省阆中市的凌家坝小学是新城区的一所新建学校，建成已三年多时间，现已招收了四个年级的学生，目前有在校学生2800多人。

我持续不断的教育行走，走进了全国很多学校，但是眼皮下的学校，却一直没有抽出时间。前两天的一个下午，我到了凌家坝小学。

当天天气阴沉，整个城市的上空像是被一块灰色棉纱所笼罩，开车到校门口，从车子里刚走出，冬天带着寒冷的风扑面而来，让我当时不禁打了一个冷战。

而一进入校园，干净、整洁、清爽的校园环境却让我眼前一亮，就像罩在上面的灰色棉纱被撕开一个口子，透过缝隙的阳光毫不吝啬地洒满了校园。

崭新的塑胶操场上，有两个班的孩子在体育老师的口令下，正认真地上着体育课。看着孩子们有光的眼神，灵动的身影，率性的童真，再配以他们那略带稚嫩的动作，看着，欣赏着，我倍感温暖。

漫步校园，感受着一所全新学校的绰约风姿。校长杜波说，遗憾的是校园文化还在建设中，还没有多少看头。

我说，文化是需要时日，慢慢积淀的、逐渐生成的、经过岁月涵泳的。特别是新建学校，校园文化更不能急于求成，硬生生搞一些匠人文化、形式文化。文化要能真正达成以文化人、以文教人、以文育人的目的，还必须让文化具有儿童视角、教师立场，还必须靠师生动手共同营建，还必须展示师生的风采，呈现师生的面貌，彰显师生的精神，还必须反映学校的地域文化、历史沿革、办学理念。

杜校长心领神会,他表示,之后他们将充分听取老师、学生包括家长的意见,反复斟酌和碰撞,确定校园文化的方向与主题,再组织师生,发挥他们的智慧,动手动脑,共同创建。

我们来到教室,各个班级各具特色、异彩纷呈的教室文化,一下吸引了我。孩子们学习生活在校园,更在教室。教室文化作为校园文化的重要组成部分,我更十分看重。

凌家坝小学的每个班级,都有书橱,书橱里面放满了孩子们喜欢的书籍;有孩子作品展示栏,展示栏里贴满了孩子们的习作和书画、手工作品;有品格树和红花榜,这是配合班级品格教育,由班主任和科任老师共同设计的、对孩子进行引导和激励的一个平台,一个细化并推进品格教育的阵地;有格言警句,这些励志的话语,不是照搬照抄,也不是那些让孩子拼命学习的口号,而是充满温馨,激励孩子好好学习、天天向上的字句;有小小植物园,孩子们每天在用心的观察与呵护中,同这些花草一起成长,一起听到生命的拔节声;有班级荣誉窗、班务窗,让孩子知晓班务,懂得责任承担,珍惜集体荣誉,从小富有集体荣誉感。

除了这些共性的教室文化,有的班级还有个性化的班歌、班旗、班级公约……

在我看过的一些教室文化中,好多教室也有这些文化内容,但大多都是一些粗制滥造,应景应付,走走过场。凌家坝小学的教室文化,每一个细微处,都做得那么精致典雅,而且整体布置又是那么精当得体;每一个板块和阵地,利用得更是那么恰到好处。

应该说,这里的每一个班级,每一个教室不仅仅是孩子们接受知识的场所,更是被用心用情的老师们,给孩子们营造成了一个个快乐学习、幸福生活、愉悦童年、放飞梦想、人生启航的心灵小屋、寻梦游园和精神殿堂。

前些年我还在教育局局长任上,我一直主张新建的学校一定要有学术报告厅。一所学校有像样的学术报告厅,除了可以满足开会和各种学术活动之外,还可以开设电影课程,排演童话剧、课本剧,举办师生才艺展示。可以说,办一所能够面向未来的学校,学术报告厅不可少。

当时在做凌家坝小学的设计规划时,出于经费考虑,在论证中有同志提出砍掉学术报告厅，我却始终坚持。

我很想看看凌家坝小学的学术报告厅。杜校长带我拾级而上，在综合楼的第三层，便到了学术报告厅。

整个学术报告厅看起来简朴，却格调高雅，舞台挺大，座位也很宽松，相应的设施设备齐全，能够容纳600多人。我择了一个位置坐下，望望四周，特别惬意。

杜校长告诉我，学校利用学术报告厅，开展了很多老师们乐于参与的教育教学教研活动，学生们喜欢的社团及各种艺术活动。学术报告厅，俨然成为五育并举、立德树人的一个不可分割、必不可少的阵地。

凌家坝小学注重学生的品格教育，我们在校园里遇见的每一个孩子，都显得那么举止文雅、彬彬有礼，都用甜甜而带羞涩的声音向我们打招呼，没有任何做作，一切都是那么自然。

说到品格教育，我认为最好的品格教育是劳动，学校应该建开心农场、开辟劳动实践基地，对孩子进行劳动教育。在劳动教育中，让孩子们涵养劳动的技能，培育劳动的精神，懂得珍惜劳动成果和尊重劳动人民。

陪同我的学校班子的其他几个成员说这是城区学校，寸土寸金，找不出空间建农场、做基地。我带领大家来到楼顶。两千多个平方的楼顶，除了表层涂抹的黑压压的沥青，其余尽是空荡荡的。

如果我们利用废旧的木框、竹框、塑料框，填上土，弄成一厢厢的菜园菜地，学生分班认领，教研组、管理团队分别包"厢"示范，营造劳动文化，开展劳动竞赛，赋劳动以节日庆典，诸如播种节、采摘节、丰收节、烹饪节等，这是不是最好的农场和基地，是不是最好的劳动教育和德育，是不是最好的研修和实践课程呢？杜校长及其团队顿有豁然开朗之感。

在凌家坝小学，连接教学楼和办公楼有一个长廊，杜校长说，学校开办三年以来，一直推进师生读书活动，用阅读改变教育，用阅读点亮师生人生。其实这之前，我已有所了解。我对杜校长说，通过抓阅读丰盈师生的生命，这很好，应该抓住了教育的根本，但是读书是需要氛围的，阅读习惯的养成是需要环境的。学校为何不利用这个长廊，还有楼道，以及教室外的过道，通过建简易的书壁、书橱、书架、书柜，把图书室里边的书请出来，让书弥漫在校园各个角落，与师生随时相遇，以营建浓郁的书香氛围呢？与其斥巨资去打造校园文化，不如就近取材，顺势而为，构建"两香文化"：一是菜香，二是书香。一所学校能够有这"两香"相飘，那绝对是一所好学校。因为一个喜欢劳动的孩子，品性再坏，也坏不到哪个地方去；一个喜欢读书的孩子，考试分数再低，也低不到哪个地方去。

学校党支部副书记鄢丰，分管后勤的副校长满德君，都点头认同。

有期待的日子很美好，对凌家坝小学的"两香"文化，我们期待着。

春暖花开，再面向凌家坝，但愿能够感受到"两香"四溢，飘香万家！

南池小学探访

南池小学是我在任时为缓解新城区入学压力而兴建的一所全新学校，2014年下半年着手筹建，2016年9月正式投入使用。学校占地60多亩，现有教学班58个，在校学生3000多人。

"南池晓波"是"阆苑十景"之一。唐杜甫《南池》诗云："安知有苍池，万顷浸坤轴。"杨瞻有诗云："南池如鉴晓云平，鸥鹭双双趁浪轻。江口泉添桥外碧，山头日射水心明。占将巨石供春钓，分得清流溉早耕。傍柳撑舟独自去，粼粼波皱向人生。"由于学校地处"南池"，当时故取名"南池小学"。

"士别三日，当刮目相看"。别"校"几年，同样有如此之感。

一进入校园，春风拂面，花香扑鼻，绿树掩映，苍翠欲滴。

蓝天白云下，一栋栋教学楼、综合楼，巍然挺立；地面干净，一丛丛探出头来的小草对日浅笑；运动场上，孩子们跳高跳远、跑步踢球、嬉戏追逐，一个个生龙活虎；静心倾听，孩子们的读书声与小鸟的婉转低回，相映成趣，构成了华美的交响乐章。

对着正校门的是一个椭圆形水池，水池上的两行大字"恩信方略，内修外习"，特别引人注目。陪同我的赵开敏校长给我讲，这是学校的校训。

他接着介绍道，阆中人范目，居于南池，因助刘邦组劲旅，暗度陈仓，北定三秦，被刘邦先后封以建章乡侯、慈凫乡侯、渡沔县侯，人称范三侯。西汉建立后，阆人在今阆中西南10里，也就是现在的南池小学附近给范目修了一庙，并塑以雕像，以表彰范目的建汉之功，使之配享高祖，世人仰之。

《华阳国志》曾这样评价：阆中人范目"恩、信、方、略"。学校以此作为校训，就是希望孩子通过接受教育，不断修炼，做一个感恩、明礼诚信、坦荡正派、有谋略智慧的人。

赵校长说，这个校训唯一不足的就是有点深奥。我说，相对于那些生搬硬套的东西，学校能够从地域文化、历史沿革中挖掘教育的因子，生成自己的办学方向和主张，这很好。下一步就应该围绕这个校训，如何研发卓越课程，如何生成有效课堂，如何开展丰富多彩的活动，如何在教育教学的每一个环节与细节中，对孩子们进行影响和浸润。

平时我也在关注南池小学，根据我的了解，他们其实一直在坚持立德树人、五育并举。学校以艺体为突破口，注重艺体学科综合评价、全程评价，"音"你而"美"，"体"现精彩，学校艺术氛围浓厚，体育特色鲜明。

特别是在"双减"下，学校开展"减负见行动，书包不回家"活动，老师们精心进行作业设计，孩子们在学校便能完成当天作业，放学后书包留在教室里，两手空空，用不着背书包回家。孩子们既学得好，又学得轻松，而且有了更多的时间供自己支配。他们可以参加运动，可以做做家务，可以读读他们喜欢的书籍，可以搞一些社会实践活动。他们不仅学到了应有的文化知识，而且还让身上无不散发着"恩信方略"的味道与气息。

我们经过一栋教学楼的通道，在开放式书架下，一个孩子坐在那里，静静地读着书，他是那么地投入，那么地专注，以至于我们站在他身边，他却一直没有发现。我问他，大家都在上课，他怎么一个人在这儿读书呢。他说，这节是体育课，他有点感冒，不想运动，就给体育老师请了假，在这里读书了。

我突然发觉这个孩子好美，这个孩子读书的样子真美。我以为，这样的身影在学校多了，教育美的风景就有了，教育的美好也就指日可待了。

我们路过老师的办公室，老师们见到我，都特别亲切。这些老师差不多都是我在职时选招的教师，后来学校建成后，很多又是从农村学校考调进入的。过去新教师入职，岗前培训，我都会和他们一起交流。而且过去他们在农村学校工作，每一年每一所学校我至少要去一次，去了之后，都要同老师们一起沟通。

敬淑智老师说："汤局长，之前我在木兰小学工作，我们住上了漂亮的宿舍，享受到了您给我们农村老师专配的'四件套'。"

记得那是2014年上半年，我到偏远的构溪小学去，在一个58岁老师的寝室，看到这个老师睡的还是简易的单人木板床，坐的是二十世纪六七十年代用木条拼搭的木椅，心里充满着一种莫名的酸楚，回来后夜不能寐，随即召开办公会，研究解决农村教师办公生活条件的问题。通过多方努力，筹措资金，给全市76所农村学校近三千名乡村教师一次性配置了书桌、椅子、书柜和床"四件套"。

龙小芳老师是射洪人，她对我说，感谢阆中教育给了她一个平台，2014年她作为特岗教师走进阆中教育，被安排在裕龙小学，这些年来她在专业成长路上能得以发展，能够成为一名深受孩子喜欢的老师，我当时给大家所讲的《把自己变成一颗珍珠》的讲座，对她影响挺大。

从原云台小学调入的张琪沁老师和我说，她曾经工作的云台小学虽然只有几十个孩子，是农村小规模学校，但是按照我的理念——建劳动实践基地，指导孩子剪纸、做纸浆画、毛线粘贴画，并用以装点校园，营建校园文化，让校园变得温馨温暖，如同家一样。每个孩子都参加到他们喜欢的社团，他们都爱上了学校和学习，校园生机盎然，充满着生机活力。那一切的一切，现在都值得留恋，难以忘怀。

李宛齐老师说："汤局长，那时候我们在农村学校工作，都盼着您到学校指导。您每次去学校，都会发现一些问题，然后给学校很多支持，给老师们带去不少鼓励。"

刘莉老师说："我是您做局长后2006年考招的第一批教师，这些年来，我见证了阆中教育的发展，也感受到了汤局长对老师们的关心，对教育的情怀。"

陈丽娟老师看起来比较腼腆，她也情不自禁地感慨，她过去在红土小学工作，虽然是一个乡村教师，却也感觉到了一个老师应有的体面和尊严。

……

老师们你一言，我一语，勾起了我的回忆，一切过往就像放电影一样，历历在目。当我和这些老师一道沉浸在幸福的回味之中时，我更加坚信一个人的价值不仅仅是在某个职位干过，更重要的是干了些啥，给大家留下了些什么。

一上午时间，尽管一晃而过，却让我感受到了南池小学老师们的幸福。

南池小学老师们的幸福，让他们更加热爱教师这个职业。学校办公室主任卢云，被调到市属机关，工作一段时间后，她还是觉得做老师好，职业单纯而神圣、富有创造性；和孩子们朝夕相处让自己永远天真烂漫；物质不可能丰厚却拥有丰盈的精神世界，每一点滴的付出还能收获不尽的喜悦和幸福。她于是放弃了机关工作，毅然决然回到学校，又站上了讲台。

南池小学老师们的幸福，让他们更加敬业乐业。学校综治办主任张英艳，每天早上迎着晨曦第一个到校，在校门口迎接每一个孩子的到来；每天下午目送每一个孩子离开，在对校园进行全面消杀后，再最后一个离校。

南池小学老师们的幸福，让他们更加专注于学习。老师们把学习作为一种习惯，一种生活方式，一种生命状态，他们既用心教书育人，又钟情于学习"充电"，夯实功底，练就本领，保鲜职业，让自己拥有知识的源头活水。第二天上午我给老师们做讲座，尽管是周末，又值大好春光，但是老师们都听得特别认真，彰显出浓厚而纯正的教风学风。

南池小学老师们的幸福，让孩子们更加幸福。尽管这里大多数孩子来自城郊接合部，有的孩子还来自边远农村，但是在幸福老师的引领下，尽情地享受幸福时光。他们有着水灵灵的眼睛，如花朵般绽放的笑脸，从他们身上我能感受到成长的快乐与幸福。

按捺不住内心的澎湃与激动，草草写下这些文字，既算是对美好的一种整理与记录，也算是对南池小学美好明天的一种期待与祝福！

为什么是大邑？
——成都市大邑县"美丽而有温度"的教育探秘

位于成都平原西部，处于成都平原经济圈由平原地区向山区过渡地带的大邑县，经济社会发展水平一直居于成都市相对靠后的位置，乡村教育的发展曾经也面临过很多的困境和问题，诸如投入减少，校园凋敝，失去活力，老师思调，学生难留。

"其实我也不想走，其实我也想留，只是谁陪我娃好好度春秋"，便是不少乡村孩子和家长的焦虑和呐喊。

而如今的大邑乡村教育却以其美丽和温度，呈现出了应有的魅力与美好，绽放出了乡村教育独特而鲜活的"大邑样态"花蕾。

纵观大邑乡村教育的发展与突围，我以为，首先，对乡村教育的情怀与情感是关键。一说到乡村教育的没落与荒芜，自然会归咎于城镇化的发展，归因于人口的迁徙与转移。大邑作为成都市的近郊县，城镇化的进程有可能力度更大、速度更快，然而这里的乡村学校却没有因为城镇化而消失，乡村教育也没有因为城镇化而破败。相反，这里的乡村学校和乡村教育却在城镇化的进程中屹然挺立，充满活力，蕴含无限生机，一派欣欣向荣。

个中原因，在于大邑县教育局局长杨文学所带领的一班人，能够站位高远，以对乡村朴素而深刻的情感，对乡村教育浓厚而深邃的情怀，认识到乡村是我们每个人的心灵故乡、精神家园，认识到乡村教育是乡村文化、文明的中心，是乡村的希望之所在，没有乡村教育的发展，就没有乡村孩子的美好未来，也就没有乡村的真正振兴，更加没有区域教育的公平与均衡。

他们对乡村教育不是弃之不管，任其发展，也不是视为包袱，盲目撤并，而是高看一眼，厚爱三分，雪中送炭，雨中递伞，从良知上坚守，从责任上担当，从政策上兜底，从机制上保障，从资金、项目、师资上给予倾斜，从而保证了乡村教育的持续发展、健康发展。

其次，实现学校内涵发展是基础。如何让乡村学校办得有质量、有特色、有品位，能够吸引并留住乡村孩子，能够得到家长及社会的认可？大邑坚持走内涵发展之路，为乡村教育赋能，让乡村教育为此而彰显美丽和温度。

他们通过校园文化的营建，以文化人，以文育人，以文化浸润师生心灵，以文化点亮师生精神世界，以文化照亮校园的天空，以文化书写教育的感动与传奇。

他们通过书香校园的创设，营造浓郁的读书氛围，用书香滋养乡村孩子的精神发育，用书香唤醒乡村孩子沉睡的潜能，用书香点燃乡村教师的职业热情，用书香改变乡村教育生态，成就乡村师生不一样的生活方式和生命状态。

他们通过乡土课程的研发，引导孩子学习地方文化和地方知识，对孩子进行亲土地、亲家乡、亲亲情教育，让孩子和养育自己的这方土地与家乡建立精神联系，留下乡音，记住乡愁，澎湃乡绪，扎下乡根。

他们通过开展富有乡村气息的社团活动，既丰富了校园生活，又张扬了孩子们的个性天赋、兴趣爱好；既让孩子们找到了同伴、玩伴、伙伴，又让他们爱上了学校和学习；既让孩子们获得了重新发现自己的机会，又让他们感受到了成长的快乐与喜悦；既迸发了孩子们的智慧与潜力，又让每个孩子阳光自信，都能在校园里快乐成长。

再次，找准定位，特色发展是前提。大邑县乡村教育在坚持内涵发展的同时，还鼓励学校"一校一案""一校一特色"，提倡"校校有看点""校校有亮点"，支持"人无我有""人有我新""人新我优""人优我特"，不人云亦云，不邯郸学步，不搞"一刀切"。

每所学校各尽所能，根据各自的发展需求和定位，充分利用本校优势，挖掘本土资源，都走出了适合自己的特色发展之路，都散发出了独特的气息与风采。

一所所学校的积极蜕变，体现着大邑教育向"特色、优质、公平"目标的大步迈进；每一所乡村学校的"各美其美"，助推着大邑教育走向"美美与共"，展现了大邑教育的光亮夺目、五彩缤纷、斑斓多姿。

最后，变革评价机制是保障。评价很重要，有什么样的评价，就有什么样的教育。他们不以简单的学业成绩评价学生的优劣，而是积极探索学生综合素质评价改革；他们对学校进行分类评价，让乡村学校也能独领风骚；他们让发展中的乡村学校进行自主评价，给乡村学校留足空间和时间；他们在乡村学校实施"以评促建"，"评""建"同步，互为促进，有机融合；他们把评价权赋予家长，让家长在学校发展中拥有更多的"话语权"，构建家校共育"一家亲"。

大邑县充分利用教育评价这根杠杆，从而有力地撬动了乡村教育的发展和整个教育生态的改良。

为什么是大邑，为什么大邑县的乡村教育如此美丽而有温度，这便是答案和密码！

后　记

为了教育的绿水青山，"双减"政策作为"一号工程"，在全国基础教育领域加速推进。

任何新生事物的出现，最初都有可能让人们感到茫然，"双减"的落地亦然。随着"双减"悄然带来的教育深刻变革，也随之给不少校长、老师，也包括家长，带来了一些彷徨、疑虑与困惑。

比如，"双减"究竟怎样"减"？"双减"是不是只需要"减"？"双减"的目的是不是只是减负？"双减"下的学习是不是就没有一点负担？"双减"需要做减法，还需不需要做"加法""乘法""除法"？"双减"之下教师工作时间延长，工作量加重，学校怎样调动教师积极性？"双减"让教育回归到学校主阵地，学校怎样担负起这一神圣职责，怎样办出孩子们喜欢的学校？"双减"背景下，怎样发挥家庭教育作用，怎样实现家校共育？"双减"下减轻的是孩子负担，但是有中考、高考的存在，是不是将会导致家长越来越焦虑？等等。

教育的情怀与良知，让我按捺不住自己所涌动的思绪，针对相应话题，陆陆续续写了一些文字。有的通过我的公众号"汤勇晓语"推送，之后不少媒体又转推和刊用，由此产生了一定反响，在不同程度上给大家带去了一些启发。

随着国家一系列重大举措的出台，我对"双减"的信心和决心更加坚定了。"双减"的话题备受关注，深入人心，"双减"也成为新时代教育发展的风向标。

一些出版社和机构纷纷建议我将"双减"文字整理成册，给我推出。他们说，这不仅能助力"双减"，是一件很有意义的事儿，而且面对"双减"大背景，还可能会受到青睐和欢迎。

恰好正值"疫情"波折中，于是腾出一段时间，加以归类，梳理润色，遂形成了初稿。

长江文艺出版社，翘楚于出版界，从 2017 年出版我的《致教育》，接着连续五年推出了我的五本书，而且每本都入选《中国教育报》当年的"教师喜爱的 100 本书"。

在这些年的接触中，为他们做书的认真负责、精益求精、对作者的真诚相待、体贴理解所感动，而且与社长尹志勇、责任编辑秦文苑因"书"结缘，因"时光"而结下深厚的友谊。权衡之下，我把书稿给了长江文艺出版社。

文苑告诉我，该书稿已被相关部门列入重点选题，他们也将精准对接，把握每一个节点，以最快的速度、最优质的效果出版，为"双减"一周年献礼。

感谢长江文艺出版社这些年来一直对我的支持与关切，对我每本书稿所付出的心血和智慧。还要感谢全国各地的陶友、朋友、同仁们，是你们一如既往地给我以帮助与厚爱，信任与关照。

行走在教育的路上，尽管风光无限，诗意曼妙，但同样会遇到诸多的艰辛和挑战，但一路收获的真情，囊括的感动，却给了我不尽的动力、满满的信心，我将带着这份情谊而义无反顾、执着前行，给生命以更多的注解，给人生以更多的演绎与诠释！

也愿这本小册子像蒲公英种子——那一个个毛茸茸的"小伞兵"，能够随风飘扬，飞向辽阔的土地，播撒在温润而适合的田野，直到长成更多的蒲公英，再随风翩翩起舞……

我期待着！

汤勇
2022 年 8 月 8 日于阆苑古城